Brussig | Am kürzeren Ende der Sonnenallee

Lektüreschlüssel XL

für Schülerinnen und Schüler

Dieses Buch wurde klimaneutral gedruckt.

Alle CO_2-Emissionen, die beim Druckprozess unvermeidbar entstanden sind, haben wir durch ein Klimaschutzprojekt ausgeglichen.

Nähere Informationen finden Sie hier:

Klimaneutral
Druckprodukt
ClimatePartner.com/14058-1912-1001

Thomas Brussig

Am kürzeren Ende der Sonnenallee

Von Mathias Kieß

Reclam

Dieser Lektüreschlüssel bezieht sich auf folgende Textausgabe:
Thomas Brussig: *Am kürzeren Ende der Sonnenallee*. Frankfurt a. M.: Fischer Taschenbuch, 2001.

Lektüreschlüssel XL | Nr. 15547
2023 Philipp Reclam jun. Verlag GmbH,
Siemensstraße 32, 71254 Ditzingen
Druck und Bindung: EsserDruck Solutions GmbH,
Untere Sonnenstraße 5, 84030 Ergolding
Printed in Germany 2023

ISBN 978-3-15-015547-9

Auch als E-Book erhältlich

www.reclam.de

Inhalt

Inhalt

1. Schnelleinstieg

Autor	Thomas Brussig, lebt in Berlin und ist 1964 im Ostteil der Stadt geboren.
Veröffentlichung	1999
Gattung	Jugendroman/Episodenroman
Handlung	Der Alltag von Micha, seiner Familie und seiner Clique im Schatten der Berliner Mauer wird vorgestellt.
Handlungszeit	Ende der 1970er, Anfang der 1980er
Handlungsort	Ostberlin, Ortsteil Baumschulenweg, direkt an der Berliner Mauer

Film und Buch

Zehn Jahre nach dem Mauerfall und neun Jahre nach dem offiziellen Ende der DDR veröffentlicht Thomas Brussig seinen Roman *Am kürzeren Ende der Sonnenallee.* Ungefähr zeitgleich läuft der Film *Sonnenallee*, bei dem Leander Haußmann Regie führte, in den Kinos an. Viele Romane schaffen es früher oder später auch auf die Leinwand. Doch für gewöhnlich nimmt sich ein Regisseur erst Jahre nach der Veröffentlichung eines Buches des Stoffes an. Hier haben Autor Brussig und Regisseur Haußmann jedoch gemeinsam am Drehbuch gearbeitet. Dieser Lektüreschlüssel behandelt den Roman, stellt im Abschnitt »Film und

Buch« in Kapitel 6, S. 76–83 jedoch einen ausführlichen Vergleich zwischen Film und Buch an.

Welle der »Ostalgie«

Am kürzeren Ende der Sonnenallee steht relativ am Anfang einer regelrechten Welle der »Ostalgie«. Die Wortneuschöpfung ist ein Kofferwort aus »Osten« und »Nostalgie«. Anfang der 2000er Jahre gibt es zahlreiche Filme, Theaterstücke und Bücher, die das Leben in der DDR thematisieren und aufarbeiten, und auch einige Markenprodukte aus dem Osten erleben ein Comeback oder erhalten Kultstatus. Auch wenn heutige Schülerinnen und Schüler lange nach dem Ende der DDR geboren worden sind, wird ihr Alltag je nach Wohnort immer noch mehr oder weniger von ihr beeinflusst. Spätestens im Geschichtsunterricht der Mittelstufe wird jeder mit dem einstigen deutschen Staat konfrontiert. Doch das Pauken von Jahreszahlen, Konferenzteilnehmern und der Namen großer Staatsmänner kann nicht vermitteln, wie das Lebensgefühl in der DDR war. Hier schreiten Kino und Literatur zur Hilfe.

Eignung für Deutsch und Geschichte

Demnach ist es nicht verwunderlich, dass der Roman im Fach Deutsch als popkulturelle Literatur und im Fach Geschichte anstatt einer historischen Quelle unter alltagsgeschichtlichen Aspekten gelesen wird. Deutschlehrkräfte legen ihr Augenmerk mehr auf die sprachliche Ausgestaltung oder den erzählerischen Aufbau des Romans, während Geschichtslehrkräfte sich mit ihren Schülerinnen und Schülern auf historische Spurensuche begeben wollen. In beiden Fällen ist dir dieser Lektüreschlüssel eine Hilfe, um das Buch besser zu verstehen. Liest du das Buch im Fach Geschichte, so solltest du vor allem auf Kapitel 2 (S. 10–25), den Abschnitt »Bewusste Verwendung von ostdeutscher Sprache« in Kapitel 4 (S. 54–59), die Abschnitte »*Am kürzeren Ende der Sonnenallee* als geschichtliche Quelle« und »Doppelte Historizität« in Kapitel 6 (S. 95–99, 99–103) und Aufgabe 3 in Kapitel 10: »Prüfungsaufgaben mit Lösungshinweisen« (S. 131) Wert legen. Falls du das Buch im Fach Deutsch liest, sind alle Kapitel von Belang.

Lese-anleitung

Egal in welchem Fach du den Roman liest, dieser Lektüreschlüssel soll dein Lesevergnügen unterstützen und nicht ersetzen. Falls dich *Am kürzeren Ende der Sonnenallee* abschreckt, weil viele Begriffe vorkommen, die du nicht kennst, so nimm Kapitel 9 (S. 113–124) zur Hilfe. Dort sind alle schwierigen Begriffe in der richtigen Reihenfolge erklärt, so dass du das Lesen nur kurz unterbrechen musst. Im Abschnitt »Bewusste Verwendung der ostdeutschen Sprache« in Kapitel 4 (S. 54–59) findest du zudem eine thematisch geordnete Übersicht über alle Begriffe, die mit der DDR zu tun haben. Du kannst auch nach dem Lesen jedes Kapitels seine Inhaltsangabe lesen, so stellst du sicher, nichts Wichtiges überlesen zu haben.

2. Inhaltsangabe

Kapitel 1: Churchills kalter Stumpen (S. 7–10)

■ Die Potsdamer Konferenz

Micha stellt sich vor, wie auf der Potsdamer Konferenz im Sommer 1945 Josef Stalin, Harry S. Truman und Winston Churchill Berlin in Sektoren aufteilen. Michas Meinung nach hat Churchill daran Schuld, dass er am kürzeren Ende der Sonnenallee in Ostberlin wohnt, da Truman und Stalin sich um die Sonnenallee gestritten hätten und Churchill nur durch Stalins nette Geste, ihm Feuer für seine erloschene Zigarre zu geben, Stalin einen Zipfel von 60 Metern der Sonnenallee gegeben hätte. Micha wohnt mit seiner Familie in einer Plattenbausiedlung, und seine Freunde gleichen ihm sehr: Sie tragen alle die gleichen Klamotten, hören dieselbe Musik, fliehen vor der Enge der Plattenbauten und sie sind in dasselbe Mädchen, Miriam, verliebt.

■ Vorwegnahme von späteren Handlungselementen

Einige Anspielungen klären sich erst im Verlauf des Romans auf: Die Geschichte des Liebesbriefes im Todesstreifen (S. 9) wird auf Seite 71 f. weitererzählt, und warum Michas Mutter ihren Sohn »Mischa« (S. 9) nennt, wird auf Seite 63 erklärt.

Kapitel 2: Die Verdonnerten (S. 11–31)

Micha und seine Freunde Mario, Wuschel, Brille und der Dicke treffen sich immer auf einem verwaisten Spielplatz, wo sie zusammen Musik hören. Meistens

Abb. 1: Der Abschnittsbevollmächtigte (Detlev Buck). Szene aus dem Film *Sonnenallee* (1999) von Leander Haußmann – © IMAGO / teutopress

bringt Micha Tonbänder mit, die er zuvor im Westradio aufgenommen hat. Besonders beliebt sind Songs, die es in ostdeutschen Plattenläden nicht zu kaufen gibt oder deren Verkauf gar verboten ist. Die Clique hört gerade *Moscow, Moscow*, und Mario ruft laut aus, wie »verboten« (S. 12) das Lied doch sei, als der Abschnittsbevollmächtigte (ABV) der Volkspolizei vorbeikommt. Dieser fragt sie, was denn so verboten sei. Die Jungs erklären ihm, es handele sich bei dem Wort »verboten« lediglich um einen Begriff der Jugendsprache, der Begeisterung ausdrückt. Schließlich nimmt der ABV den Tonträger mit, da er selbst gerne Musik auflegt. Er erwähnt, dass der Reisepass der BRD-Bür-

■ Verbotene Musik

gerin Helene Rumpel hier in der Gegend verloren gegangen sei (S. 14).

Degradierung des ABV

Eine Woche später wird der ABV zum Meister degradiert und er fängt an, Micha mit Personalausweiskontrollen zu schikanieren. Dieser kann sich das nur damit erklären, dass der ABV anscheinend wirklich den verbotenen Song auf einer Betriebsfeier der Polizei gespielt hat (S. 15 f.).

Die Leserinnen und Leser erfahren mehr über Miriam (siehe den Abschnitt »Michas Freunde« in Kapitel 3 dieses Lektüreschlüssels, S. 35 f.) und dass Micha (zunächst) damit zufrieden ist, sie aus der Ferne anzubeten (S. 19). Bei der Schuldisco fasst er sich allerdings ein Herz und fordert Miriam zum Tanz auf, was gründlich schiefgeht, weil prompt ein »Ostsong« (S. 24) gespielt wird. Die Situation ändert sich, als er – wie auch Miriam – zu einem Diskussionsbeitrag bei einer Veranstaltung der Freien Deutschen Jugend (FDJ) in der Aula ihrer Schule verdonnert wird. »Die Verdonnerten« (S. 11) nähern sich hinter der Bühne an, und es kommt beinahe zu einem Kuss, als Miriam Micha zu erklären versucht, wie Westdeutsche küssen (S. 28 f.). Ein Kuss mit einem Westberliner bei der Schuldisco ist nämlich der Grund für Miriams Strafe (S. 25). Micha hingegen hat sich nichts zu Schulden kommen lassen, sondern die Strafe für einen Streich seines Freundes Mario übernommen (S. 21).

Micha und Miriam sind zu Vorträgen verdonnert

Kapitel 3: Woalledurcheinanderreden (S. 32–42)

Michas Familie

Die Wohn- und Familiensituation der Hauptfigur wird näher beschrieben: Micha wohnt zusammen mit seinen Eltern und seiner älteren Schwester Sabine im Ostberliner Ortsteil Baumschulenweg im heutigen Bezirk Treptow-Köpenick. Da Sabine ihre Freunde schnell wechselt, nennt Micha diese stets »Sabines Aktueller« (S. 34). Micha hat auch noch einen älteren Bruder Bernd, der zur Armee geht und seitdem vor allem durch seinen merkwürdigen Sprachgebrauch auffällt (S. 33). Die Kuppischs werden oft von Frau Kuppischs Bruder (Onkel) Heinz besucht, der ebenfalls in der Sonnenallee (jedoch am längeren Ende und damit in Westberlin) wohnt. Zu seinen Besuchen bringt er geschmuggelte Westware mit, die aber eigentlich legal über die Grenze gebracht werden darf. Frau Kuppisch will, dass Micha in Moskau studiert. Micha hält von der Idee wenig, weiß aber auch noch nicht, welchen beruflichen Weg er sonst einschlagen soll (S. 40 f.).

Unpolitische Studienrichtungen

Etwas Unpolitisches wäre ihm am liebsten. An ihrem Treffpunkt diskutiert die Clique darüber, ob es überhaupt eine unpolitische Studienrichtung gibt. Das Kapitel schließt mit einer Slapstick-Szene: Mario und Micha spielen gern hungernde Kinder, wenn ein Touristenbus über die Grenze in den Osten kommt (S. 42). Mit ihrer satirischen Einlage – tatsächlich musste in der DDR niemand Hunger leiden – hoffen sie vor allem, Miriam zu beeindrucken.

Kapitel 4: Die drei von der Tanzschule (S. 43–50)

Die Kapitelüberschrift ist eine Anspielung auf den Film *Die drei von der Tankstelle* aus dem Jahr 1930, in dem die drei Protagonisten gemeinsam eine Tankstelle betreiben und sich alle in dieselbe Frau verlieben. Als Mario, Brille und der Dicke erfahren, dass sich Miriam zur Tanzstunde anmeldet, tun sie es ihr gleich. Ab nun sind sie die drei von der Tanzschule. Micha folgt ihrem Beispiel erst, als er eine Tanzstunde vom gegenüberliegenden Haus aus beobachtet hat (S. 44–46).

■ Michas Taktik in der Tanzschule

Dank seinen Beobachtungen begreift Micha schnell, wie die Tanzstunden ablaufen: Bei jedem neuen Tanz werden die Partnerinnen gewechselt und alle männlichen Kursteilnehmer streiten sich, wer zuerst mit Miriam tanzen darf. Micha verhält sich bewusst antizyklisch und zählt die Schallplatten ab, damit er sicher der Letzte ist, der mit Miriam tanzt. So muss er sich nicht mit den anderen streiten, hat genug Zeit zum Üben, um dann Miriam mit seinen Fähigkeiten beeindrucken zu können. Tatsächlich fragt sie ihn nach der letzten Stunde, ob er mit ihr zum Abschlussball gehen möchte (S. 49).

Kapitel 5: Fünfzig West zuwenig (S. 51–58)

■ Wuschel sucht eine Schallplatte

Das Kapitel beschreibt Wuschels Odyssee, als er eine Platte der Rolling Stones sucht. Das Doppelalbum *Exile on Main Street* ist in Ostdeutschland schwer zu bekommen. Wuschel verfolgt die Spur quer durch Berlin und Brandenburg und spricht dabei mit einem tätowierten Ex-Sträfling (S. 52), einem Hippie im Berliner Vorort Strausberg (S. 52 f.) und der Freundin eines Armeeangehörigen, welche allerdings die Platte unabsichtlich zerstört hat (S. 55). Seine letzte Hoffnung ist ein zwielichtiger Plattendealer, der an einer S-Bahnbrücke steht und 300 Ost- oder 50 Westmark für die Platte haben will. So viel Geld steht Wuschel nicht zur Verfügung.

Das Kapitel schließt mit einem Kommentar des Erzählers, der erklärt, dass die Musik von früher viel besser als die heutige ist (S. 57 f.).

Kapitel 6: Ton oder Knete, das ist hier die Frage (S. 59–72)

Dieses Kapitel steht in direkter Beziehung zum zweiten Teil des ersten Kapitels. Dort werden vage Andeutungen gemacht, die hier aufgelöst werden. So wird nun genau geschildert, wie Onkel Heinz beinahe beim vermeintlichen Schmuggeln einer Packung Kekse erwischt und dabei von einem Grenzbeamten über den Unterschied von Ost- und Westradios belehrt wird (S. 60). Später hungert er sich sogar einige Pfunde vom Leib, um Micha einen Anzug für den Abschlussball der Tanzschule über die Grenze zu bringen – auch das wäre allerdings völlig legal möglich gewesen.

■ Onkel Heinz schmuggelt Legales

Ebenso wird aufgeklärt, warum Frau Kuppisch ihren Sohn »Mischa« (S. 63) nennt. Sie will ihren Nach-

Frau Kuppisch will die Stasi beeindrucken

barn, den sie bei der Stasi vermutet, beeindrucken, indem sie sich als besonders sozialistisch oder russlandliebend darstellt. Und »Mischa« klingt eben russisch. Zu diesem Zweck hat sie auch die Zeitung *Neues Deutschland* (ND) abonniert. Sie liest sie aber nicht, sondern lässt sie nur aus dem Briefkasten schauen (S. 66). Ebenso kocht sie Soljanka (S. 67), einen russischen Eintopf, und weist betont darauf hin, dass sie Gäste für das Jugendfestival beherbergt (S. 66 f.). Währenddessen hat Sabine einen neuen Freund, der beim Theater arbeitet (S. 62).

Micha und Miriam beim Abschlussball

Auch die Liebesgeschichte von Micha und Miriam wird vorangetrieben: Beim Abschlussball ist Micha der »Prinz des Abends« (S. 71): Nicht nur trägt er den nagelneuen Anzug aus dem Westen, den sein Onkel ihm geschenkt hat, er tanzt auch mit Miriam, dem schönsten Mädchen des Abends. Obwohl der Abend gut verläuft, verlässt Miriam den Ball vorzeitig, weil sie von einem Motorradfahrer (er fährt eine AWO) abgeholt wird. Ein paar Tage später findet Micha einen Liebesbrief im Briefkasten und hofft, er sei von Miriam. Als er ihn öffnen will, gleitet er ihm wegen eines Zusammenpralls mit dem ABV aus der Hand und wird vom Wind weggeweht. Micha kann nicht hinterherrennen, weil er wieder einmal in eine Ausweiskontrolle geraten ist. Schließlich landet der Brief unerreichbar im Todesstreifen und Micha wird nicht erfahren, ob er wirklich an ihn gerichtet und wirklich von Miriam verfasst ist (S. 71 f.).

Kapitel 7: Non, je ne regrette rien (S. 73–83)

Dieses Kapitel hat zunächst eine klassische Rahmen- und Binnenhandlung. In der Rahmenhandlung versuchen Micha und Mario, den Liebesbrief mithilfe von Klebstoff und einer Angel aus dem Todesstreifen zu fischen (S. 73). Da sie lange warten müssen, bis der Kleber trocknet, berichtet Mario von der Begegnung mit einem Mädchen in einem Fahrstuhl (S. 73 f.).

Rahmenhandlung: Liebesbriefangeln

In dieser Binnenhandlung, die einen Tag früher stattfindet, verliebt sich Mario sofort in das Mädchen, das zunächst namenlos bleibt und nach ihren Lesevorlieben nur die »Existenzialistin« (S. 75) genannt wird. Erst ganz am Ende erfahren die Leserinnen und Leser, dass sie Elisabeth heißt (S. 156). Während Mario stolz von seinen ersten sexuellen Erfahrungen berichtet, bleibt das Angeln ohne Erfolg (S. 77).

Binnenhandlung: Mario und die Existenzialistin

Nun verselbständigen sich die beiden Handlungsstränge und werden parallel weitererzählt, um gleich darauf wieder zu interagieren: Mario und Elisabeth werden ein Paar, und sie führt ihn in eine antibürgerliche Welt der Kunst und Freiheit ein. Mario, der schon zuvor der Rebellischste der Gruppe ist, wird nun geradezu aufwieglerisch. Kurz nach dem Liebesbriefangeln werden Micha und Mario in das Büro der Schulleiterin zitiert. Ein Foto ihrer »*Hunger! Hunger!*-Show« (S. 42) landete in der Westpresse. Die Bildunterschrift lautete: »*Die Not im Osten – wie lange hält das Volk noch still?*« (S. 79) Schlechte Presse wird in der DDR nur ungern gesehen und so müssen

Handlungsstränge interagieren miteinander

sich die beiden vor ihrer Rektorin und einem Parteifunktionär rechtfertigen. Der scheinbar einsichtige Micha muss einen weiteren Vortrag halten, während der aufsässige Mario von der Schule fliegt (S. 80 f.). Dieser taucht nun völlig in die neue Freiheit und die Beziehung zu der Existenzialistin Elisabeth ab (S. 82 f.).

Kapitel 8: Avanti Popolo (S. 84–90)

Das Kapitel lässt sich am besten von hinten her aufrollen: Herr Kuppisch beschreibt die Ostberliner Zeiten in der Retrospektive als »ein einziges Schützenfest, bei dem jeder Schuß nach hinten losging« (S. 89). Alles beginnt mit den zuvor erwähnten Quartiergästen des Jugendfestivals (S. 67), die nun tatsächlich da sind, sich betrinken und am Grenzübergang Westberliner von der Weltrevolution überzeugen wollen (S. 84–86). Dabei stimmen sie auch das im Titel erwähnte italienische Arbeiterlied an (S. 86).

Der Gemüseladen

In diesem Zusammenhang machen sich die Westler über den Gemüseladen an der Ecke lustig, denn er hat nur sehr wenig Auswahl. Da der Laden das Erste und Letzte ist, was Gäste aus dem Westen sehen, wird er daraufhin üppig bestückt. Schnell erfreut er sich bei Kunden großer Beliebtheit (S. 87). Dummerweise sehen die Gäste aus dem Westen so nun eine sehr lange Schlange vor dem Gemüseladen, was kaum besser wirkt. Also wird der Laden schließlich in einen DDR-Shop umgewandelt, der bei der eigenen Bevölkerung auf keine Gegenliebe stößt, aber von den West-Berlinern genutzt wird, um übriges Ostgeld loszuwerden (S. 88 f.). Die Gemüsefrau kommt so auch an wertvolles Westgeld und wird reich (S. 89).

Kapitel 9: Das Herz ein Stück größer (S. 91–93)

Die Liebesgeschichte zwischen Micha und Miriam wird weitererzählt. Die beiden laufen nun ab und zu zusammen vom S-Bahnhof nach Hause, aber den versprochenen Kuss hat Micha vor dem Sommerurlaub immer noch nicht erhalten.

■ Kein Kuss für Micha

Kapitel 10: Der hinterletzte Russenstiefelputzer in der asiatischen Steppe (S. 94–100)

■ Grenzgeschichten

Der Grenzbeamte aus Kapitel 6 berichtet Michas Onkel stolz, wie er die Grenze der DDR alle zwei Jahre um zehn Zentimeter Richtung BRD verschiebt (S. 94). Sabines dritter Aktueller ist Bergsteiger und erklärt, wie man sich mit kleinen Tricks Visa für Länder erschleichen kann, die man als Bürger der DDR eigentlich nicht besuchen darf, und so sonst unüberwindbare Grenzen überschreitet (S. 95–98). Beim Grenzübergang vor der Haustür habe man aber »[k]eine Chance« (S. 98).

Frau Kuppisch will es dennoch versuchen. Sie hat den verlorenen West-Reisepass aus Kapitel 2 gefunden und will nun als Helene Rumpel über die Grenze. Sie scheint perfekt vorbereitet und sieht genauso aus wie die zwanzig Jahre ältere Frau. Als sie jedoch ein

Pärchen aus Westberlin beim Grenzübertritt beobachtet, bemerkt sie, dass ihr das nötige Selbstbewusstsein zum unerlaubten Grenzübertritt fehlt. Es wird offengelassen, ob Frau Kuppisch die Republik dauerhaft verlassen oder sich in Westberlin nur umgucken wollte.

■ Keine Chance für Frau Kuppisch?

Kapitel 11: Je t'aime (S. 101–109)

Die Existenzialistin und Mario nehmen gemeinsam ein Asthmamedikament als Droge. Einem kurzen Rausch folgt ein starkes Down mit großem Durst und kurzzeitiger Erblindung (S. 101 f.). Micha will noch immer den Liebesbrief aus dem Todesstreifen bergen, doch die Existenzialistin hat eine bessere Idee: Mario soll eine Party in der Wohnung seiner Eltern veranstalten.

Laut Plan soll Mario auch Miriam einladen und so Micha endlich zu seinem Kuss verhelfen, indem er im richtigen Moment *Je t'aime* spielt. Und der Rest sei so einfach, dass man gar nicht darüber reden müsse, behauptet die Existenzialistin (S. 102). Tatsächlich läuft die Party jedoch völlig aus dem Ruder. Alle zuvor erwähnten Nebenfiguren erscheinen und die Wohnung ist proppenvoll. Wertvolle Musikinstrumente werden zerstört (S. 107), und Micha ist völlig besoffen, so dass Miriam flüchtet (S. 108 f.). Als Marios Vater die zerstörte Wohnung sieht, schmeißt er seinen Sohn raus (S. 109).

■ Die Party

Kapitel 12: Unterwandern: So, so oder so (S. 110–120)

Dieses Kapitel besteht aus drei Anekdoten, die nur locker miteinander verbunden sind. Alle beschäftigen sich mit dem Thema, wie man den Staat unterwandern kann. Bereits auf der Party haben Mario und die Existenzialistin die Idee, die DDR durch organisierten Landkauf aufzulösen (S. 110 f.). Sie schmieden Pläne, bemerken den zugrunde liegenden Fehler aber erst im folgenden Kapitel (S. 125 f.).

Unterwandern durch Landkauf

Überlegungen von Michas Vater zu Wahlen in der DDR leiten zur nächsten Geschichte über: Michas Bruder Bernd schaffte es durch eine doppelt abgegebene Stimme, die Auszählung der Stimmen in seiner Kaserne und schließlich in der ganzen Republik durcheinanderzubringen (S. 113–116).

Unterwandern durch Wahlmanipulation

In einer Rückblende spricht Micha mit Sabines zweitem Aktuellen, der beim Theater ist, darüber, wie viel Kritik man in Theaterstücken äußern darf. Dabei wird die Faustregel »Je besser du die Kritik versteckst, desto kritischer kannst du sein« (S. 119) aufgestellt. Micha bemängelt, dass man nach dieser Logik, wenn man alles kritisieren will, nichts davon zeigen dürfe.

Unterwandern durch Äußern von Kritik

Kapitel 13. Wie Deutschland nicht gevierteilt wurde (S. 121–133)

Sowohl Mario als auch Micha werden unabhängig voneinander an verschiedenen Grenzabschnitten verhaftet. Mario verhält sich auffällig, als er Land für einen möglichen Kauf besichtigen möchte. Er fährt ohne Rückfahrkarte ins Grenzgebiet, und in seinem Portemonnaie hat er auch noch den Teilnehmerausweis seines Niederländischkurses. Dies allein genügt schon als Verdachtsmoment, um ihn über Nacht festzuhalten (S. 123–125). Immerhin bemerkt er beim Warten auf sein Verhör, dass zweitausend Quadratmeter nicht zwei Quadratkilometer sind. Für sein Landkaufprojekt bräuchte er also mehr Leute als in der DDR überhaupt leben (S. 125 f.). Er und Elisabeth können ihren Staat somit nicht unterwandern und keinen Teil aus der DDR herauslösen, der dann – neben BRD und Westberlin – der vierte Teil Deutschlands wäre.

■ Ohne Rückfahrkarte in Grenznähe: Verhaftung

Als Michas Familie endlich ein Telefon bekommt, ist Miriam die Erste, die anruft. Ihr anderer Verehrer muss für drei Jahre zur Armee, also scheint Micha nun für sie interessanter zu werden. Dieser beendet das Telefonat jedoch schnell, um es in einer öffentlichen Telefonzelle und ohne seine lauschende Familie fortzusetzen (S. 127). Als Miriam ein persönliches Treffen vorschlägt, möchte er zu ihr rennen und wird dabei mal wieder von seinem altbekannten ABV kontrolliert. Weil er seinen Personalausweis nicht dabeihat, muss er über Nacht auf der Dienststelle bleiben (S. 128 f.).

■ Ohne Personalausweis in Grenznähe: Verhaftung

Der letzte Teil des Kapitels bringt auch den Erzählstrang um Michas zukünftigen Schulbesuch zu Ende. In einigen vorherigen Kapiteln wird erwähnt, dass Micha das Rote Kloster besuchen soll. Wegen der Verhaftung kommt er jedoch zu spät zu seinem ersten Schultag und ihm wird klar, dass er die Schule eigentlich gar nicht besuchen will (S. 130). Selbst der Erfolg der ersten wirklich verfassten Eingabe seines Vaters schafft es nicht, ihn umzustimmen (S. 131).

■ Kein Rotes Kloster für Micha

Kapitel 14: Leben und Sterben in der Sonnenallee (S. 134–157)

Im letzten Kapitel werden alle Handlungsstränge, die bisher nebeneinander liefen, zusammengebracht und zu einem Ende geführt. Miriam meidet Micha, da er sie aufgrund seiner Verhaftung versetzt hat, und trifft sich erneut mit einem Westler, dem sogenannten Scheich von Berlin, der ständig neue Luxusautos fährt (S. 135). Nach einem Unfall mit Wuschel gibt er ihm 50 D-Mark, welche dieser in seine lang ersehnte Schallplatte der Rolling Stones investiert.

■ Der Scheich von Berlin

Bei einer Grenzkontrolle wird der Scheich von Berlin mit vier Maschinenpistolen im Kofferraum erwischt. Es stellt sich heraus, dass er in einem Hotel arbeitet und die Autos ausleiht, ohne dass ihre Besitzer davon wissen. Er wird von der Stasi verhört und traut sich im Anschluss nicht mehr zurück über die Grenze, weil er Angst vor der sizilianischen Mafia hat, der das Auto gehört (S. 137).

Abb. 2: Miriam (Teresa Weissbach) und Micha (Alexander Scheer). Szene aus dem Film *Sonnenallee* (1999) von Leander Haußmann – © IMAGO / United Archives

Als Wuschel gerade vom Kauf seines Doppelalbums zurückkommt, trifft er zufällig Micha, der immer noch am Todesstreifen steht, um an den Liebesbrief zu gelangen. Sie versuchen nun mithilfe eines Staubsaugers seiner Herr zu werden. Es ist bereits dunkel, als ein plötzlicher Stromausfall die Grenzbeamten in Panik versetzt. Sie feuern Leuchtpistolen ab, und ein Geschoss trifft den Liebesbrief, der in Flammen aufgeht. Im allgemeinen Chaos feuert ein Beamter eine Kugel auf Wuschel, und das neu gekaufte Doppelalbum rettet ihm das Leben, geht dabei aber zu Bruch (S. 143). Auch Miriam ist anwesend und scheint zu begreifen, was es mit dem brennenden Brief auf sich hat.

Wuschel wird angeschossen

Die Existenzialistin Elisabeth eröffnet Mario, dass

er Vater wird, und die beiden schaffen sich einen alten Trabi an, der eigentlich kaum fahrtüchtig ist. Als das Kind auf die Welt kommen soll, fährt Mario Elisabeth damit dennoch ins Krankenhaus – obwohl er keinen Führerschein hat. Auf dem Weg überholen sie eine Kolonne der russischen Delegation, die anlässlich des Nationalfeiertags in der Stadt ist. Anschließend würgt Mario den Motor ab, und ein mystisch wirkender Russe mit auffälligem »Muttermal auf der Stirn« (S. 156) bringt schließlich das Baby auf die Welt. Bei dem Russen, »der Wunder vollbringt« (S. 156), handelt es sich um den späteren Präsidenten der Sowjetunion Michail Gorbatschow.

Elisabeth und Mario bekommen ein Kind

Endlich hat auch Micha mehr Glück in Sachen Liebe und verabredet sich mit Miriam. Nach einem gemeinsamen Kinobesuch erleidet Miriam eine depressive Verstimmung, als sowjetische Panzer vorbeirollen, die sich für die große Militärparade am folgenden Tag aufstellen. Tagelang liegt sie im Bett und regt sich nicht. Mit gefälschten Tagebüchern über sein ganzes bisheriges Leben schafft es Micha, sie wieder aufzuheitern, und das Kussversprechen wird eingelöst (S. 149).

Michael und Miriam

Als Micha zuhause ist, verfliegt seine gute Laune schnell, denn Onkel Heinz ist an Lungenkrebs gestorben (S. 149). Eine mögliche Ursache für den Krebs könnte der Asbest sein, vor dem Onkel Heinz ständig warnt (S. 38 f., 43). Im Zusammenhang mit dem Todesfall findet Familie Kuppisch auch heraus, dass ihr Nachbar nicht bei der Stasi arbeitet, sondern Leichenbestatter ist.

Onkel Heinz stirbt

3. Figuren

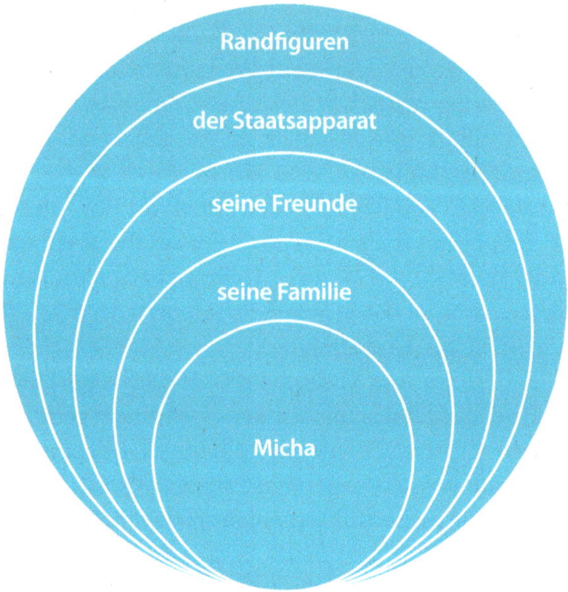

Abb. 3: Figurenkonstellation

Man kann sich die Figurenkonstellation des Romans am besten als fünf ineinander liegende Kreise vorstellen, in deren Zentrum Micha als unangefochtene Hauptfigur steht. Die meisten Handlungsstränge laufen bei Micha zusammen, und es gibt mit »Fünfzig West zuwenig« (S. 51–58) nur ein Kapitel, in dem er überhaupt nicht vorkommt.

Den ersten, engsten Kreis um Micha bildet seine Familie, denn als Teenager lebt er noch zuhause. Michas Clique, zu der hier auch Miriam und die Existenzialistin Elisabeth gerechnet werden, bildet einen weiteren Kreis. Alle bisherigen Figuren werden fest vom Staatsapparat umschlossen; diese Figuren umschließen die bisher genannten entsprechend im wahrsten Sinne des Wortes. Darum gibt es einen weiteren Kreis mit Randfiguren, die nur beiläufig erwähnt werden, aber zum Teil trotzdem mehrmals auftauchen.

Michael Kuppisch, genannt Micha

Micha verkörpert eindeutig das literarische Topos des Alltagshelden. Es wird nicht erwähnt, dass er besonders klug ist, gut aussieht oder andere spezielle Fähigkeiten hat. Im Gegenteil: Er ist schlicht gewöhnlich. Als typischer Teenager lebt er zuhause, besucht die Schule und weiß noch nicht so recht, was er mit seinem Leben anfangen soll. Er hat meist *wichtigere* Dinge im Kopf, als sich um Schule und Zukunft zu sorgen: Er macht sich Gedanken über Klamotten, über Musik und über Mädchen. Thomas Brussig spricht mit einer solchen Figur vor allem ein jüngeres Publikum an, das sich unweigerlich selbst mit der Hauptfigur vergleicht und viele Gemeinsamkeiten feststellt.

■ Alltagsheld

■ Micha als gewöhnlicher Teenager

Micha ist fünfzehn Jahre alt (S. 11), erscheint zunächst schüchtern und blickt »scheu in die Gegend« (S. 70). Er spricht Miriam lange Zeit nicht an (S. 24), weil er in Liebesdingen unerfahren ist, und er braucht einen ausgeklügelten Plan, um sich ihr anzunähern (S. 49). Im Laufe des Romans zeigt sich Micha sehr hartnäckig, denn er lässt sich trotz zahlreicher Rückschläge nicht davon abbringen, Miriam zu erobern. Er versucht immer wieder, den Liebesbrief aus dem Todesstreifen herauszubekommen (S. 73, 138), und zuletzt schreibt er sogar mehrere Tagebücher, um sie zu beeindrucken (S. 147 f.).

Auch wenn Micha viel Zeit auf der Straße verbringt, um der Enge des Plattenbaus zu entkommen (S. 10), so hat er doch ein gutes Verhältnis zu seiner Familie: Er folgt dem Druck seiner Mutter und schafft es auf die Eliteschule »Rote[s] Kloster« (S. 129), und er freut sich über den Anzug, den ihm Onkel Heinz aus dem Westen mitbringt (S. 69 f.).

Micha ist ein guter Beobachter, der die Verhältnisse seiner Umwelt zu erklären versucht. So findet er eine Erklärung für die Teilung der Sonnenallee (S. 7 f.) und für die schlechte Laune des ABV (S. 16). Schon in der dritten Klasse erweist sich Micha anlässlich einer Spendenaktion für Kinder in Vietnam als schlau, da er genau weiß, was er seiner Schulleiterin sagen muss, um sie zu besänftigen (S. 79). Er erkennt, dass sich sein Leben gerade vor allem um eines dreht: das Erwachsenwerden (S. 93).

Micha ist ein treuer Freund, der Marios Schuld bei einem Schulstreich auf sich nimmt – wenn auch nicht ganz ohne Hintergedanken (S. 21). In seiner Clique übernimmt Micha keine Führungsrolle, tonangebend scheint meist Mario zu sein. Er spielt die Streiche, schmeißt die Hausparty und hat Ideen zur Umgestaltung der DDR (S. 103 f.).

Michas Jugend in der DDR

All diese Eigenschaften treffen auf viele Teenager zu. Doch Michas Lebenssituation ist eine besondere, denn er lebt in einem Staat, der ihm das Leben manchmal unnötig schwer macht. Können sich Jugendliche, die nach dem Mauerfall geboren sind, mit oben genannten Teenagerproblemen identifizieren, so erscheint ihnen Folgendes sicherlich fremd: Direkt an der Grenze wohnend, ist Micha es gewöhnt, ständig von Schulklassen aus dem Westen oder anderen Westlern verspottet zu werden (S. 9, 77). Wie viele Jungs in seinem Alter ist Micha aufsässig und frech, aber er muss stets mit der Angst leben, dass er nicht studieren darf, falls doch mal einer seiner Streiche danebengeht. So genügt ein Foto in einer Westzeitung beinahe, um ihm seine Schulkarriere zu zerstören (S. 79 f.), und er muss sich stets »hervorragend« (S. 40) verhalten, wenn er auf das »Rote Kloster« (S. 40) gehen und in Moskau studieren will. Ständig wird sein Ausweis kontrolliert, und Micha wünscht sich, dass dies zumindest einmal in Anwesenheit von Miriam passiert, damit er vor ihr als Rebell dastehen kann (S. 91). Auch empfindet er sein Leben in der DDR teilweise als öde. Da DDR-Bürger nur schwerlich ins Ausland reisen dürfen, ist die Anzahl der Urlaubsziele limitiert. So stellen Miriam und er fest, dass sie in die Hohe Tatra und er an die Ostsee fährt – im Vorjahr war es genau andersherum (S. 92). Diese Seite von

Michas Leben erscheint jungen Leserinnen und Lesern deshalb besonders eindringlich, weil Micha ansonsten ein ausgesprochen normaler Jugendlicher ist.

Michas Familie

Thomas Brussig charakterisiert die meisten der Familienmitglieder im Kapitel »Woalledurcheinanderreden« (S. 32–42) direkt, das heißt, er benennt wesentliche Charaktereigenschaften. Die Leserinnen und Leser wissen also schon, mit wem sie es zu tun haben. Im weiteren Verlauf des Romans, wenn die Figuren

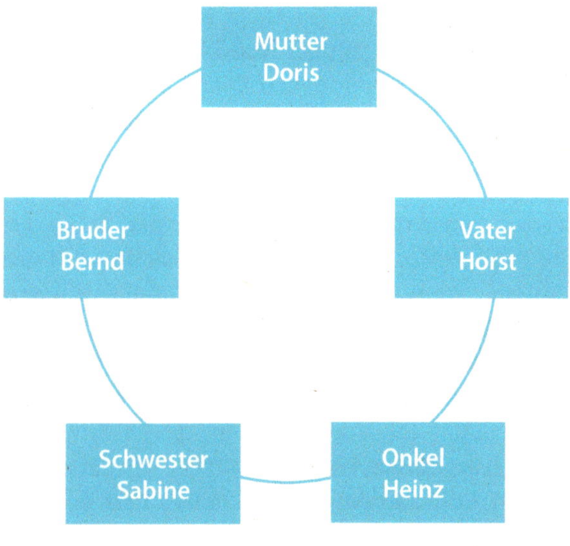

Abb. 4: Michas Familie

tatsächlich handeln, werden sie durch ihr Tun zudem indirekt charakterisiert. Meistens sind die beiden Arten der Charakterisierung deckungsgleich.

Mit Ausnahme von Michas Bruder Bernd wohnt die gesamte Familie Kuppisch in der kleinen Plattenbauwohnung. Neben Vater, Mutter und der Schwester Sabine ist auch oft Onkel Heinz aus Westberlin anwesend.

Michas Mutter: Doris

Doris Kuppisch, Michas Mutter, wird vorgestellt als diejenige, die »den ganzen Laden zusammen[hält]« (S. 32). Sie ist keine überzeugte Sozialistin, will aber nach außen so erscheinen, um ihrer Familie ein erfolgreiches Leben in der DDR zu ermöglichen. Tatsächlich sorgt sie dafür, dass es Micha immerhin einen Tag auf das Rote Kloster schafft (S. 129). Sie will, dass ihre Familie als staatstreu gilt und einen guten Ruf hat (S. 35): Sie versucht, ihren Ehemann zu überreden, besser das *Neue Deutschland* als die *Berliner Zeitung* zu lesen, denn das *Neue Deutschland* signalisiert Partei- und Staatstreue. Vor dem vermeintlichen Stasi-Nachbarn nennt sie Micha stets bei der russischen Variante seines Namens (»Mischa«, S. 63), um Nähe zur Sowjetunion vorzugaukeln. Sie sorgt auch dafür, dass sich ihr Bruder aus dem Westen in Anwesenheit Michas nicht allzu kritisch über die DDR oder die Sowjetunion äußert (S. 40, 63), und ihren Mann maßregelt sie zu ständiger Vorsicht (S. 38 f.). Außerdem nimmt sie anlässlich eines Jugendfestivals zwei Übernachtungsgäste auf (S. 90) und erwähnt dies ihrem Nachbarn gegenüber überdeutlich (S. 66 f.).

Nur als sie den Pass von Helene Rumpel aus dem Westen findet, ändert sie ihre Verhaltensweise: Sie nimmt die Identität der Westlerin an (S. 62 f., 99) und will über die Grenze, zögert jedoch im letzten Moment und kehrt um. Es bleibt offen, ob sie für immer oder nur für einen Besuch in den Westen will. Ebenso ob sie nur aus Ängstlichkeit (S. 99) oder auch aufgrund ihrer Verantwortung für ihre Familie zurückbleibt. In dieser Episode erscheint Doris Kuppisch zunächst mutig und einfallsreich, doch am Ende bleibt sie ängstliche Hausfrau und sorgenvolle Mutter.

Michas Vater: Horst

Horst Kuppisch, Michas Vater, ist Straßenbahnfahrer und hat deshalb keinen geregelten Tagesablauf, was ihn für Micha unberechenbar macht (S. 33 f.). Während der Erzähler Doris mit Namen vorstellt, erfährt man den Vornamen von Herrn Kuppisch erst später im Gespräch mit seiner Frau (S. 38). Horst streitet sich gerne mit seinem Schwager Heinz. Teilweise verteidigt er dabei das Leben in der DDR vor seiner Westverwandtschaft (S. 37 f.). Er kritisiert seine Frau, als sie beginnt, ihr Aussehen zu verändern, um – was er allerdings nicht weiß – der zwanzig Jahre älteren Helene Rumpel zu entsprechen (S. 63).

Ebenso wie Doris ist er kein überzeugter Sozialist. Doch während seine Frau im Sozialismus erfolgreich sein will, kritisiert er ihn: Er verhindert, dass seine Tochter in die Partei eintritt (S. 34), und beschwert sich, dass sein Nachbar ein Telefon hat und er nicht (S. 35). Doch seine Kritik bleibt theoretisch, denn er handelt nicht aktiv nach ihr. Mehrmals will er eine

Eingabe schreiben (S. 35, 38, 64), doch erst gegen Ende des Romans macht er es tatsächlich (S. 131). Zwei Wochen später erhält er Antwort und erwirkt die zwischenzeitliche Aufnahme Michas in die Eliteschule »Rotes Kloster«.

Michas Onkel: Heinz

Onkel Heinz ist der Bruder von Doris und lebt im längeren Ende der Sonnenallee in Westberlin. Er versorgt die Familie Kuppisch mit Lebensmitteln und anderen Gegenständen des Alltags, an die man in der DDR nicht einfach herankommt. Obwohl es legal ist, diese Dinge über die Grenze zu bringen, schmuggelt er sie, indem er sie unter seiner Kleidung versteckt. Micha hofft vergeblich darauf, dass er ihm einmal wirkliche Schmuggelware wie zum Beispiel eine Schallplatte mitbringt (S. 37). Aber immerhin bekommt Micha von Onkel Heinz so einen Anzug aus dem Westen für den Abschlussball in der Tanzschule geschenkt (S. 69).

Die Figur des Onkel Heinz spielt vor allem in ihrer Funktion als Westverwandtschaft eine wichtige Rolle. So kann Familie Kuppisch ihren eigenen Lebensstil stets mit dem in der Bundesrepublik vergleichen: Einem Studium in Moskau wird eine Karriere an westlichen Eliteuniversitäten gegenübergestellt (S. 40). Und es gelingt dem Autor, seinem Lesepublikum beide Welten spielerisch zu beschreiben. Zum Beispiel wird Onkel Heinz (und den Leserinnen und Lesern) erklärt, was eine Eingabe ist, nämlich eine Art Beschwerde an die Verwaltung, und gleichzeitig bringt er selbst gesellschaftliche Themen aus der BRD mit ein. Das Paradebeispiel: Asbest (S. 38 f., 63). Die tragische Ironie dabei ist, dass er als ständiger Warner vor der Krebsgefahr dieses Baustoffs schließlich selbst an Lungenkrebs stirbt (S. 149). Seine Asche wird von Doris (illegal in einer Kaffeedose) nach Ostberlin geschmuggelt (S. 151).

Michas Schwester: Sabine

Es fällt schwer, im Falle von **Michas Schwester Sabine** von einer literarischen Nebenfigur im klassischen Sinne zu sprechen, denn sie selbst kommt überhaupt nicht zur Geltung. Sie tritt nur durch ihre wechselnden Partner in Erscheinung. So erklärt es auch der Erzähler: »Sabine liebte ihren Aktuellen jeweils so innig, daß sie ihm immer nachzueifern trachtete.« (S. 34) Auf dieses Merkmal reduziert, kann keine Charakterisierung stattfinden, denn ihre »Aktuellen« könnten unterschiedlicher kaum sein: Der erste ist in der Partei und nötigt sie zum Beitritt (S. 34). Der zweite ist beim Theater und Sabine wird kurzerhand zu einer Schauspielerin (S. 62). Der dritte ist ein vielgereister Bergsteiger und erzählt der Familie Geschichten aus aller Welt (S. 95–97). Der vierte ist Theologiestudent, und Sabine besucht mit ihm Marios Party (S. 103 f.), verlässt ihn schließlich jedoch wegen des Keuschheitsgelübdes (S. 150).

Michas Bruder: Bernd

Michas Bruder Bernd kommt nur in Form von kurzen Anekdoten vor. Zunächst versucht er sich vor seiner Musterung zu drücken (S. 32), wird schließlich doch Soldat und eignet sich die soldatische Sprache an (S. 33, 116 f.). Wie auch der Rest der Familie scheint er kein überzeugter Sozialist zu sein, denn er ist für Unregelmäßigkeiten bei der Wahl der Volkskammer in seiner Kaserne verantwortlich (S. 114). Er lebt nicht bei der Familie und ist nur für die Trauerfeier von Onkel Heinz anwesend (S. 150).

Michas Freunde

Neben Micha ist **Miriam** die meisterwähnte Figur. Trotzdem ginge es zu weit, wenn man von einer weiblichen Hauptfigur spräche, denn der Charakter von Miriam entfaltet sich vor allem in Bezug auf ■ Miriam

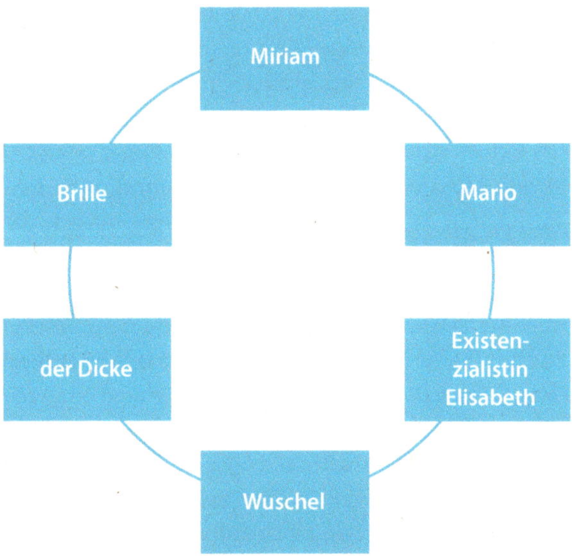

Abb. 5: Michas Freunde

Micha. Innerhalb der Handlung hat sie nur eine Funktion: Sie ist Lust- und Sehnsuchtsobjekt von Micha und seiner Clique. Miriam gilt als die Schulschönste und besucht Michas Parallelklasse (S. 16 f.). Die ganze Clique ist in sie verliebt, aber nur Micha handelt auch nach seiner Sehnsucht. Miriam ist zugleich uneheliches und Scheidungskind und lebt noch nicht lange am kürzeren Ende der Sonnenallee (S. 18). Wie die meisten anderen Figuren scheint Miriam ebenfalls keine überzeugte Sozialistin zu sein. Zu ihrem Redebeitrag in der Schule erscheint sie unpünktlich und in das vorgeschriebene Hemd der Jugendorganisation schlüpft sie nur für den Vortrag. In ihrem Vortrag erzählt sie, dass sie junge Männer, die drei Jahre Wehrdienst leisten, für »männlich« halte und ihnen in diesen drei Jahren Abwesenheit treu bleiben würde, hat jedoch hinter ihrem Rücken die Finger gekreuzt (S. 29). Miriam besucht mit ihren Freundinnen eine Tanzschule, was schließlich auch Michas Freunde dazu bewegt, sich dort anzumelden (S. 43).

Miriams Männergeschichten

Fast alles Weitere, was die Leserinnen und Leser über sie erfahren, hat mit ihren Männergeschichten zu tun: Sie ist locker mit einem Motorradfahrer liiert (S. 19), der jedoch für drei Jahre zur Armee eingezogen wird (S. 127). Ihr zehnjähriger Bruder verkauft ihren Verehrern Informationen über sie und lässt sich in Form von Spielzeugautos oder anderen Gefallen vergüten (S. 20 f.). Miriam erscheint selbstbewusst. Den ersten etwas ungestümen Annäherungsversuch von Micha bei der Schuldisco blockt sie ab. Sie tanzt und knutscht lieber mit einem Westdeutschen vom John-F.-Kennedy-Gymnasium (S. 24 f.). Auch mit dem so genannten Scheich von Berlin, der ständig andere teure Autos fährt, scheint Miriam eine Affäre zu haben, denn Micha beobachtet, wie ständig andere Autos vor ihrer Haustür parken.

Auffällig oft wird Miriam auf ihr Äußeres reduziert:

> »Normalerweise haben Männer mit einem auffällig schönen Auto wechselnde Frauen – aber der Scheich von Berlin war ein Mann mit einer auffällig schönen *Frau* und wechselnden Autos.« (S. 135 f.)

Oder:

> »Ein paar Tage später sind sich Miriam und Micha auf der Straße begegnet. Es war einer der letzten warmen Tage des Jahres. Miriam hatte noch mal ihr Sommerkleid an und nichts drunter.« (S. 144)

Ihrem Wert in der Männerwelt ist sich Miriam durchaus bewusst. Für Micha scheint sie unnahbar. Ihr Kussversprechen (S. 31) schiebt sie immer weiter auf, was sie gut begründet: »Dann hast du immer etwas, worauf du dich freuen kannst. Wenn du weißt, daß ich dich irgendwann küssen werde, wirst du nie traurig sein müssen.« (S. 92) Als Micha sie auf Marios Party betrunken anspricht, entfernt sie sich sofort (S. 109), und sie ignoriert Micha für lange Zeit, als er sie nicht wie verabredet bei ihr zuhause besucht hat (S. 134).

Erst ganz am Ende des Romans erhält Miriam so etwas wie charakterliche Tiefe, wenn beschrieben wird, wie sie sich in den Verhältnissen der DDR eingesperrt fühlt. Sie will Micha nicht länger an der Nase herumführen und erzählt, es sei ihre Art der Rebellion, mit Jungs aus dem Westen rumzuknutschen, da sie so der Schulrektorin Löffeling und anderen, die das Sagen haben, zeigen könne, dass sie nicht vollständige Macht über sie haben (S. 145). Als Micha und Miriam nach einem gemeinsamen Kinobesuch Panzer über die Straße rollen sehen, erleidet Miriam eine Art Psychose und schließt sich in ihrem Zimmer ein. Der Rückzug ins Private ist eine gängige Form, um die eigene Unzufriedenheit mit den gesellschaftlichen Verhältnissen in der DDR auszudrücken. Doch Miriams innere Emigration wird nicht weiter thematisiert. Erneut dient sie nur als Projektionsfläche für die männliche Hauptfigur Micha, der nun das Gefühl hat, dass »er Miriam retten wird« (S. 146). Dies macht er in Form von Tagebüchern, die er vorgeblich seit seiner Kindheit geschrieben hat und die es nun zu fälschen gilt, um bei Miriam zu punkten.

■ Miriams innere Emigration

■ Mario

Mario scheint innerhalb des Freundeskreises tonangebend zu sein. Er verhält sich dem Blockwart gegenüber besonders aufmüpfig (S. 14 f.), raucht heimlich und hat sich den Streich um die »Vorhaut der Arbeiterklasse« (S. 21) ausgedacht, für den schließlich Micha die Verantwortung übernimmt. Er ist deutlich rebellischer als seine Freunde. Im Sportunterricht wirft er beim Handgranatenweitwurf extra nur vier Meter (S. 26). Gemeinsam mit Micha bettelt er spaßeshalber Touristen aus dem Westen an, und auch beim Liebesbriefangeln am Grenzstreifen ist er Micha behilflich. Doch nur Mario fliegt deswegen von der Schule, denn er weigert sich zur »Besinnung« zu kommen (S. 81 f.). Auch zuhause läuft es nicht rund: Dort fliegt er ebenfalls raus, als eine Hausparty aus dem Ruder läuft (S. 109).

Anfangs wirft er wie der Rest der Clique ein Auge auf Miriam. Doch im Laufe der Handlung lernt er die Existenzialistin Elisabeth kennen, die ihn stark beeinflusst. Mit ihr hat er sein erstes Mal (S. 77), und er radikalisiert sein Verhalten weiter. Zunächst beschäftigt er sich vor allem seiner neuen Freundin zuliebe mit Kunst und der Philosophie von Simone de Beauvoir und Jean-Paul Sartre. Später handelt er allerdings auch nach dieser Denkart, wenn er gesellschaftliche Konventionen hinter sich lässt und seinen Protest gegen das System aktiv auslebt. Der Erzähler kommentiert gänzlich unironisch: »Für Mario begann die schönste Zeit seines Lebens.« (S. 82) Ohne die gesellschaftlichen Fesseln der Schule, dafür mit neuer Freundin, lebt er in Freiheit im ländlichen Brandenburg. Mario ist neben Micha die einzige Figur, die eine charakterliche Entwicklung durchlebt. Ist er anfangs nur aufmüpfig und frech, so will er später die DDR durch Landkauf unterwandern. Ein Vorhaben, das natürlich zum Scheitern verurteilt ist. Es hapert nicht nur an mathematischen Feinheiten bei der Planung, sondern auch an der jugendlich-leichtsinnigen Durchführung. Im Endeffekt bringt ihm das Unterfangen nur eine Nacht im Gefängnis ein (S. 135 f.).

Die Existenzialistin Elisabeth

Ähnlich wie Miriam wird auch **Elisabeth** zunächst aus rein männlicher Perspektive gesehen. Mario berichtet von einer Fahrstuhlbekanntschaft, die lächele wie Mona Lisa. Das kurze Lächeln beim Verabschieden genügt, um Mario die Außentreppe in den dreizehnten Stock hochsprinten zu lassen, so dass er Elisabeth in ein Gespräch verwickeln kann. Was beginnt wie eine Schürzenjägergeschichte – Mario sagt stolz, er habe »was aufgetan« (S. 73) –, endet schließlich in einer Beziehung mit weitreichenden Konsequenzen für Mario und die gesamte Clique. Denn Elisabeth ist die bei Weitem spannendste weibliche Figur. Sie ist Malerin (S. 75), und wie man schon ihrer Ansprache durch den Erzähler entnehmen kann, Anhängerin der existenzialistischen Philosophie. Das ist deshalb bemerkenswert, da die Werke von Sartre und de Beauvoir im Osten verboten sind. Während die anderen Figuren in ihrem Aufbegehren gegen das DDR-Regime passiv und behäbig wirken oder sich in ihrer Situation eingefunden haben, so ist Elisabeth wirklich unangepasst, was sich schon an ihrer unbürgerlichen Kleidung widerspiegelt: Ihre Markenzeichen sind Baskenmütze und Rollkragenpullover und sie trägt stolz das Buch des verbotenen Autors Sartre zur Schau (S. 73). Allgemein hat sie einen Hang zum Französischen. Außerdem ist sie vernetzt in die Kunstszene

(S. 106). Nach dem Sex mit Mario fragt sie selbstbewusst: »Na, habe ich dich jetzt entbübt?« (S. 77) Sie wird auf der Leipziger Buchmesse beim Klauen erwischt, experimentiert mit Drogen und überredet Mario dazu, die folgenschwere Hausparty zu veranstalten (S. 101 f.). Sie paraphrasiert Sartre mit den Worten:

> »Jeder hat die Verantwortung für sich, und jeder ist auch an seinem Unglück schuld. Denn du hast immer die Freiheit, dich zu entscheiden, [...] und du kannst niemandem die Schuld geben für das, was du tust.« (S. 75)

Mit Mario verlässt sie Berlin, um fernab von bürgerlichen Konventionen und Restriktionen des SED-Staats zu leben. Gemeinsam mit Mario startet sie das Landnahmeprojekt, und am Ende des Romans wird sie Mutter (S. 156).

Wuschel hat seinen Spitznamen erhalten, da seine Frisur der von Jimi Hendrix gleicht. Auch er würde gern wie Micha zu einem Diskussionsbeitrag verdonnert werden und beschreibt deshalb absichtlich falsch, wie man sich bei einer Atombombendetonation zu verhalten habe (S. 26). Dem Ansinnen seines Sportlehrers, in einen Sportverein einzutreten, um für Olympia zu trainieren, gibt er nicht nach (S. 53). Er hängt mit der Clique um Micha ab, hat aber den Status eines Sonderlings:

Wuschel

> »Wuschel ging nicht zur Tanzschule. So was interessierte ihn nicht. Wuschel interessierte sich auch sonst für nichts, außer für Musik. Und für Musik interessierte er sich auch nur dann, wenn sie von den Rolling Stones war.« (S. 59)

Für ein Album der Rolling Stones begibt er sich auf eine Irrfahrt, auf der er einige schräge Typen kennenlernt und die ihn bis nach dem Berliner Vorort Strausberg bringt. Erst als er in einen Unfall mit dem Scheich von Berlin verwickelt wird und 50 Westmark als Entschädigung erhält, kann er sich die langersehnte *Exile on Main Street* kaufen. Das Doppelalbum rettet ihm schließlich das Leben, als er in der Nähe des Todesstreifens von einem Grenzbeamten angeschossen wird. Glück im Unglück. Doch seine Liebe zur Musik ist so tief, dass er über den Verlust des Albums traurig ist (S. 143).

Der Dicke

Der Dicke bleibt namenlos und unauffällig. Er geht mit Micha zur Schule, hört mit ihm Musik auf dem Platz und nimmt ebenfalls Tanzstunden, um in Miriams Nähe zu sein. Er lässt sich mit Absicht beim Stehlen einer Fahne erwischen, damit er wie Miriam und Micha einen Diskussionsbeitrag halten muss, wird stattdessen aber zur Strafe als Bannerträger beim Nationalfeiertag eingesetzt (S. 26). Bei Marios Party spielt er Skat mit Freunden und singt selbstgedichtete Texte zu *Little Red Rooster* von den Rolling Stones (S. 105). Er entflieht seinem Alltag in der DDR, wenn er Fernschach mit Brasilianern oder Kanadiern spielt (S. 124).

Brille

Auch **Brille** bleibt namenlos. Er ist Einzelkind, sein Vater ist Ingenieur, und er scheint der Schlauste der Clique zu sein. Stets wird er erwähnt, um zu begründen, woher Micha und seine Freunde etwas wissen. Ihm gelingt es, eine Ausrede für das Hören verbotener Musik zu finden, und er ist derjenige, »der schon so viel gelesen hatte, daß er sich nicht nur die Augen verdorben hatte, sondern auch mühelos arrogant lange Sätze sprechen konnte« (S. 12). Brille ist in Michas Klasse, geht ebenfalls zur Tanzschule und ist bei der Schuldisco anwesend. Auch er ist hinter Miriam her und versucht ihren kleinen Bruder vergebens mit Spielzeugautos zu bestechen (S. 20). Er liebt es darüber zu diskutieren, ob es unpolitische Studienrichtungen gibt, und es gelingt ihm, etwas Politisches in scheinbar unpolitischen Universitätsfächern zu finden (S. 41 f.). An Marios Party knutscht er mit einer Freundin von Miriam rum (S. 107).

Der Staatsapparat

Alle hier angeführten Figuren verbindet zweierlei. Erstens arbeiten sie für den Staat und seinen bürokratischen Apparat, der anders als durch einzelne Vertreter nicht zu fassen ist. Und zweitens zeichnet die Figuren aus, dass sie ihre Arbeit über alle Maße ernst nehmen. Sie sind die einzigen wirklichen Sozialisten im Buch, woraus dieses viel seines satirischen Gehalts zieht (siehe dazu auch den Abschnitt »Brussig will unterhalten und kritisieren: Satire« in Kapitel 6 dieses

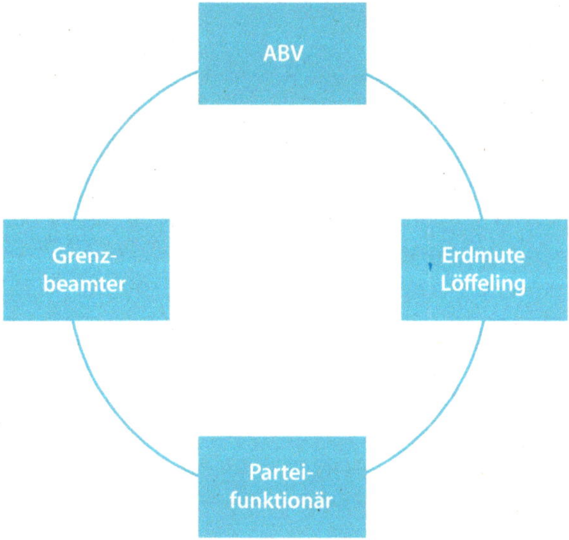

Abb. 6: Der Staatsapparat

Lektüreschlüssels, S. 73). Sie alle stehen für den Topos des gewissenhaften und systemtreuen, aber nicht sonderlich schlauen Staatsdieners.

ABV

Der Abschnittsbevollmächtigte der Volkspolizei heißt mit Nachnamen Horkefeld und tritt im Verlaufe der Handlung mehrmals auf. Seine Arbeit nimmt er sehr ernst. Als er das Wort »verboten« hört, ist er sofort zur Stelle. Stolz zählt er verschiedene Dienstgrade auf, macht dabei aber grammatikalische Fehler. Er scheint nicht besonders schlau zu sein, denn er lässt sich von Michas Clique einen Bären aufbinden und spielt bei einer Feier der Polizei ein verbotenes Lied und wird deshalb degradiert (S. 16). Im Anschluss missbraucht er seine Machtposition, um eine persönliche Fehde gegen Micha zu führen: Obwohl er ihn persönlich kennt, fragt er ihn bei jeder Begegnung nach seinem Ausweis (S. 46). Das Gesetz ist dabei zwar auf seiner Seite, denn in Grenznähe ist ein Ausweis mit sich zu führen, doch könnte man auch Nachsicht walten lassen. Horkefeld geht schließlich sogar so weit, dass er Micha für eine Nacht festsetzt (S. 129).

Erdmute Löffeling

Erdmute Löffeling ist die Direktorin von Michas Schule und verdonnert Micha zu einem Diskussionsbeitrag, nachdem er die Schuld für Marios Streich auf sich genommen hat (S. 22). Dieselbe Strafe erhält auch Miriam, weil sie bei der Schuldisco mit einem Jungen aus dem Westen rumknutscht (S. 25). Als Pädagogin glaubt sie fest daran, dass Micha und Miriam ihre Diskussionsbeiträge ernst nehmen, auch wenn Miriam hinter ihrem Rücken die Finger kreuzt und Micha seinen Vortrag improvisiert. Dank ihrer Leichtgläubigkeit ist es Micha bisher immer gelungen, sich nach Streichen aus der Affäre zu ziehen, und in Unterrichtsstunden reden ihr die Schülerinnen und Schüler nach dem Mund (S. 79 f.). Als Mario das nicht macht, wird er wegen eines anstößigen Bildes in der Westpresse von der Schule geworfen (S. 81).

Der Parteifunktionär

Der Parteifunktionär (auch »der Parteimensch«, S. 87) bleibt namenlos. Er ist der Sekretär der SED-Kreisleitung und entdeckt das Bild von Mario und

Micha in der Westpresse, denn es »gehört zu den unangenehmen Aufgaben eines Sekretärs der SED-Kreisleitung, regelmäßig den Feind lesen zu müssen« (S. 78). Wie Löffeling lässt auch er sich von Micha um den Finger wickeln und sorgt für Marios Rausschmiss. Er tritt nicht nur als strafende Gewalt auf, sondern ist auch für die Umgestaltung des Gemüseladens in der Sonnenallee verantwortlich – auch hier ist ihm das Ansehen seines Staates besonders wichtig (S. 87 f.).

Grenzbeamter

Der Grenzbeamte (oder Grenzer) hat drei Auftritte, die ihn als staatstreuen, aber kleingeistigen Sozialisten ausweisen. Bei seinem ersten Auftritt lobt er das »Fichtelberg« (S. 61, ein Radio aus DDR-Produktion) und preist seine einfache Bauweise im Vergleich zu einem Fabrikat aus Japan. Er erkennt die technische Unterlegenheit des Geräts nicht an und macht sich über Onkel Heinz lustig, der ihn auf das krebserregende Asbest hinweist:

> »Ja, das sind die Probleme, die die im Westen haben […]. [I]ch hatte noch nie Krebs. Und während wir den Sozialismus aufbauen, fürchten sich eure vor Krebs, oder sie bauen Radios, die kein Mensch bedienen kann. Haha, die haben doch keine Schangse!« (S. 61 f.)

Später berichtet er stolz, wie er die Grenze der Deutschen Demokratischen Republik jedes Jahr um zehn Zentimeter gen Westen verschiebt (S. 94). Der Grenzer ist auch für den Stromausfall im letzten Kapitel verantwortlich. Es genügt bereits, dass er das oben genannte japanische Radio einsteckt (S. 141).

Randfiguren

Hier werden die Randfiguren besprochen. Sie dienen meist dazu, die Handlung voranzutreiben, oder finden nur in einer Episode Erwähnung. Sie sind Statisten in Michas Alltag. Auffällig ist, dass alle bis dahin erwähnten jüngeren Randfiguren auch auf Marios

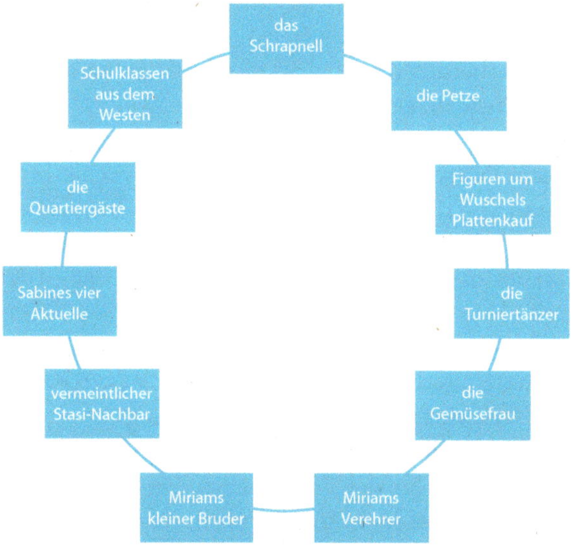

Abb. 7: Randfiguren

Party sind. Wenn du einen Namen gelesen hast und dir nicht mehr sicher bist, woher du die Figur kennst, dann bist du hier richtig.

Das Schrapnell

Miriams Freundin wird hinter vorgehaltener Hand nur »das **Schrapnell**« (S. 23) genannt, da ihr Gesicht aussieht, als sei es durch ein solches Geschoss zerstört worden. Diese Figur dient als Negativschablone für Miriam, denn so erscheint diese noch begehrenswerter für den Rest der Clique. Bei der Schuldisco wird darum gestritten, wer mit ihr tanzen muss (S. 23), und bei Marios Party knutscht sie schließlich mit Brille rum (S. 107).

Die Petze

Die Petze verpetzt Mario nach seinem ›Vorhaut-Streich‹ (S. 21) und hält freiwillig einen Diskussionsbeitrag bei einer Veranstaltung der FDJ, bevor Miriam und Micha an der Reihe sind (S. 27).

Figuren um Wuschels Plattenkauf

Im Kapitel »Fünfzig West zuwenig« (S. 51–58) versucht **Wuschel** sich das Doppelalbum *Exile on Main Street* von den Rolling Stones zu kaufen. Dabei kommen einige Figuren vor: ein tätowierter Fan der Rolling Stones namens Franki; ein Strausberger Hippie, der seine *Exile* eingetauscht hat; Bergmann, dessen Freundin seine *Exile* zerstört hat, und ein Plattendealer namens Kante, der fünfzig Westmark für die Platte haben will. Alle sind auch auf Marios Party (S. 103 f.).

Die Turniertänzer

Die Turniertänzer assistieren der Tanzlehrerin Frau Schloth bei den Tanzstunden. Und Micha tanzt mit ihnen, um für Miriam zu üben. Auch sie sind auf Marios Party und diskutieren mit Elisabeth über die Möglichkeit der Gründung einer autonomen Gegenrepublik (S. 104). Aufgrund ihrer Homosexualität werden sie von Micha *»die Turniertanzschwuchteln«* (S. 44) genannt. Sicherlich ist ein solcher Begriff im Sprachgebrauch eines Jugendlichen der 70er oder 80er Jahre üblich und man könnte seine Verwendung als authentisch bezeichnen. Problematisch ist allerdings, dass der Erzähler den Begriff übernimmt und über den gesamten Roman beibehält. Hier schleicht sich eine abwertend verwendete Beleidigung in den Sprachgebrauch ein, was auch mit dem Verweis auf den satirischen Charakter des Romans nicht zu rechtfertigen ist.

Die Gemüsefrau

Die Gemüsefrau gelangt zu Reichtum, da sie einen grenznahen Gemüseladen betreibt. Da sich Besuch aus dem Westen immer über das nicht besonders üppige Angebot lustig machte, wird ihr Sortiment von der Parteiführung aufgestockt. Nun bildet sich eine besonders lange Schlange vor dem Laden, da jeder dort einkaufen will. Doch auch eine lange Schlange hinterlässt keinen guten Eindruck, und so wird der Gemüseladen kurzerhand zu einem Souvenirladen umfunktioniert, der von Westlern frequentiert wird, die ihre Ostmark loswerden wollen und zu hohe Rechnungen mit Westmark begleichen, die in der Tasche der Gemüsefrau landen (S. 89). Ihr Mann wird einmal aufgrund von »Agententätigkeit« (S. 124) verhaftet, da er Modelleisenbahnmagazine aus ganz Europa per Post erhält.

Miriams Verehrer

Es werden drei **Verehrer von Miriam** erwähnt: Der Scheich von Berlin arbeitet in einem Westberliner Hotel und borgt sich die schnellen Sportwagen von Hotelgästen, um im Osten damit anzugeben. Er datet Miriam, was Micha sehr missfällt. Als er sich ein Mafiaauto geliehen hat und mit vier Maschinenpistolen im Kofferraum erwischt wird, verhört ihn die Stasi tagelang, bevor er aus Angst vor der Mafia freiwillig in den Osten immigriert (S. 137). Außerdem knutscht Miriam noch mit einem Schüler des Westberliner John-F.-Kennedy-Gymnasiums rum (S. 25) und datet einen Motorradfahrer (im Roman: »AWO-Fahrer«, S. 19).

Miriams kleiner Bruder

Miriams **zehnjähriger Bruder** verkauft Informationen über seine große Schwester an ihre Verehrer und lässt sich dafür mit Spielzeugautos bezahlen. Außerdem traut sich niemand der Gleichaltrigen, ihn zu verprügeln, da Ältere ihn aufgrund von Miriam beschützen (S. 20 f.).

Vermeintlicher Stasi-Nachbar

Der vermeintliche **Stasi-Nachbar** hält sich über seinen Beruf bedeckt, weswegen Frau Kuppisch vermutet, er sei bei der Stasi, weshalb sie sich in seiner Gegenwart verstellt, um einen guten Eindruck zu hinterlassen (S. 35, 63). Tatsächlich ist er Bestatter (S. 149 f.).

Sabines vier Aktuelle

Die **ständig wechselnden Partner** von Michas Schwester bleiben namenlos und zeichnen sich durch ihre Unterschiedlichkeit aus. Der erste ist in der Partei (S. 34), der zweite beim Theater (S. 62), der dritte ist Globetrotter (S. 95) und der vierte Theologiestudent (S. 103).

Die Quartiergäste

Die **Quartiergäste** von Frau Kuppisch sind anlässlich eines Jugendfestivals in Berlin. Sie heißen Udo und Olaf und haben einen obligatorischen Artikel vor ihren Namen. Sie stammen aus Pirna bei Dresden. Die Berliner sagen scherzhaft, sie kämen aus dem *»Tal der Ahnungslosen«* (S. 84), da sie kein Westfernsehen empfangen können. Neben den Vertretern des Staatsapparats sind sie die einzigen überzeugten Sozialisten und fallen unangenehm auf, als sie nachts eine Spontankundgebung am Grenzübergang abhalten (S. 85 f.).

Westschulklassen

Mehrmals werden **Schulklassen aus Westdeutschland** erwähnt, die auf Klassenfahrt in Berlin sind und den Grenzstreifen von Aussichtstürmen aus beobachten. Für Micha gehört es zu seinem Alltag, dass sie ihn als »Zoni« (S. 9, 77) beleidigen.

4. Form und literarische Technik

Alltagssprache und Dokumentarstil

Einfache Sprache

Die Sprache des Romans ist bewusst einfach gehalten. Einige Ausnahmen werden in den folgenden Abschnitten angesprochen. Brussig erreicht damit zweierlei: Erstens ist sein Roman einem breiten Publikum zugänglich und man kann ihn zur Populärkultur rechnen. Ohne große Hürden kann das Buch von jungen Leserinnen und Lesern rezipiert werden. Zweitens charakterisiert er so auch seine Figuren. Familie Kuppisch und Michas Freunde sind keine herausragenden Persönlichkeiten, ihre einzige Besonderheit ist die räumliche Nähe zur Berliner Mauer. Dementsprechend sprechen sie auch nicht hochsprachlich, sondern (wie im folgenden Abschnitt gezeigt wird) dialektal und typisch ostdeutsch.

Dokumentarstil

Der Roman überzeugt vor allem durch Inhalte und nicht die Art, wie berichtet wird. Sicherlich gibt es Bücher mit höherem literarischen Gehalt, die wegen eloquenter Formulierungen oder verschachtelter Sätze gefallen. Brussig hingegen berichtet eher trocken und schert sich beispielsweise nicht darum, dass er den Namen seiner Hauptfiguren ständig wiederholt: Das Wort »Micha(el)« kommt 401 und »Kuppisch« 162 Mal im Roman vor. Er dokumentiert schlicht, was Micha erlebt, und dabei fällt sein Name selbstverständlich häufig.

Rockbands der 70er Jahre

Zu diesem dokumentarischen Stil passt auch, dass Rockbands der späten 70er Jahre zwar ständig genannt werden (siehe das Kapitel 9 »Wort- und Sacherläuterungen« dieses Lektüreschlüssels, S. 113–124), ihre Songtexte selbst aber nicht thematisiert werden. Vorstellbar wäre etwa, dass das Zeitgefühl mithilfe von Textausschnitten der Lieder mittransportiert wird. Tatsächlich macht Brussig dies mit den beiden französischsprachigen Liedern (S. 73, 101), deren Texte mit der Handlung der jeweiligen Kapitel verwoben sind. Beim bloßen *name dropping* werden nur diejenigen Leserinnen und Leser erreicht, welche die Bands bereits kennen und die Lieder sofort mitsummen können, wenn sie nur deren Titel oder die Bandnamen lesen. Es empfiehlt sich, während des Lesens einige der erwähnten Lieder anzuhören – die meisten sind frei zugänglich –, um zu verstehen, weshalb Wuschel so viel auf sich nimmt, um die *Stones* zu hören (S. 51–57), und warum die Clique in eine »Blues-Ekstase« (S. 11) versetzt wird.

Existenzialistische Philosophie

Auch die existenzialistische Philosophie und ihre Vertreter und Vertreterinnen werden lediglich genannt, und es wird gesagt, dass Elisabeth Anhängerin ist. (Tatsächlich wird sie stets die »Existenzialistin« und nicht bei ihrem Namen genannt.) Auch hier hätte man sich inhaltlich mit Jean-Paul Sartres oder Simone de Beauvoirs Werken auseinandersetzen können. Tatsächlich beschränkt sich der Roman jedoch auf ein oberflächliches Gespräch zwischen Mario und Elisabeth, als Sartre zitiert wird (S. 76), und auf ein falsches Zitat, das Mario gegenüber einem Parteifunktionär äußert (S. 80 f.). Der Vorteil dieser Vorgehensweise liegt auf der Hand: Wer den Namen Sartre schon einmal gehört, aber keines seiner Werke gelesen hat, denkt bei sich: »Ja, den kenne ich«, und wer mit dem Namen nichts anfangen kann, überliest ihn einfach. Das ginge nicht bei einer intensiveren Beschäftigung mit dem Existenzialismus. Durch diese Oberflächlichkeit bleibt *Am kürzeren Ende der Sonnenallee* einem breitem Publikum leicht zugänglich. Allerdings richtet die Existenzialistin Elisabeth (und später auch Mario) ihr Leben konsequent nach der philosophischen Denkart aus, indem sie bürgerliche Konventionen über Bord wirft und selbstbestimmt sowie in Freiheit lebt – so gut es in der DDR eben geht.

Bewusste Verwendung von ostdeutscher Sprache

Die Amtssprache der DDR war selbstverständlich Deutsch. Auch als die Berliner Mauer stand und die Grenze zwischen zwei weltanschaulichen Blöcken mitten durch Deutschland verlief, konnten sich Menschen aus Ost und West verständigen.

Dennoch gab und gibt es in Ostdeutschland Begriffe, die man nicht kennt, wenn man im Westen sozialisiert wurde. Ihr Ursprung kann dreierlei Art sein:

Erstens gibt es im Osten – auch heute noch – verschiedene Dialekte, die im Westen nicht gesprochen werden, beispielsweise Thüringisch, Sächsisch oder Berlinerisch. Dies macht sich in der Verwendung besonderer Begriffe wie zum Beispiel Berlinerisch *Schrippe* für Brötchen, aber auch in der Sprachmelo-

■ Dialekte

die und der Aussprache bemerkbar. Begriffe, die in mehreren Dialekten Ostdeutschlands vorkommen, werden ebenso wie die folgenden Begriffe oft als »ostdeutsch« bezeichnet.

Zweitens wurde im Osten konsequente Sprachpolitik betrieben, das bedeutet, dass man bewusst neue Begriffe einführte, um sich vom »imperialistischen Westen« zu distanzieren. Zu einer Jeans sagt man beispielsweise *Nietenhose*, und die Ostversion eines Hot Dogs nennt sich *Ketwurst*. Natürlich etablierten sich auch Markennamen, die es im Westen nicht gab, zum Beispiel: *Kitifix*, *Vita Cola*, *Krimsekt* oder *Bärenblut*. Andersherum hätten Ostdeutsche kaum verstanden, was mit *C&A*, *Edeka* oder *Zewarolle* gemeint ist.

■ Sprachpolitik und Markennamen

Drittens hatte die DDR eine aufwendige Verwaltungsstruktur, die ebenso wie die Verwaltung der Bundesrepublik verschiedene Wortkreationen oder Abkürzungen hervorbrachte. Nicht jeder Deutsche weiß heute, was mit MdB, BV oder GmbH gemeint ist, auch wenn die Abkürzungen teilweise verwendet werden. Ähnlich ging es vielen Ostdeutschen mit ABV, Trafo oder GST.

■ Begriffe der Verwaltung

Thomas Brussig streut Elemente all dieser drei sprachlichen Kategorien bewusst in seinen Roman ein, damit dieser an Authentizität gewinnt. An einigen Stellen thematisiert der Erzähler den Sprachgebrauch der Figuren sogar direkt: Die beiden Quartiergäste Olaf und Udo verwenden nach sächsischer Mundart Artikel vor dem Namen, was Berlinern unbekannt ist. So denkt die Familie, einer der beiden

■ Verwendung von Dialekt im Roman

Gäste habe eine Freundin mit Namen *Diana*, sie heißt jedoch schlicht *Jana*. Der Erzähler verlacht die beiden Figuren, indem er auf sie stets mit Artikel vor dem Namen verweist (S. 84 f.). Auch über ihre Aussprache macht sich der Erzähler lustig, so fürchten sich Udo und Olaf vor der »Grimminallidät drieben« (S. 84). Die beiden leben im *»Tal der Ahnungslosen«* (S. 84). So werden die Gebiete der DDR sarkastisch bezeichnet, in denen man kein Westfernsehen empfangen kann. Nicht nur deswegen scheint Familie Kuppisch ihre Quartiergäste nicht richtig ernst zu nehmen.

Auch der Einsatz des Berlinerischen ist genau durchdacht. Mit Berlinern assoziiert man oft freche Äußerungen oder beherztes Meckern – die bekannte Berliner Schnauze eben. Berlinert wird im Osten wie im Westen der Stadt: So machen sich Westberliner über den Gemüseladen lustig, der *»Suppenjrün det janze Jahr üba«* (S. 87) hat, und es ist auffällig, dass die Existenzialistin Elisabeth vor allem dann Dialekt spricht, wenn sie in Rage ist:

> »Mann, ick kann dir sagen, ick hab ja so wat von die Schnauze voll. Mann, ick bin Malerin, aba wat sollst'n hier maln? Du brauchst nur eene Farbe, dit is Grau, du hast nur een Jesicht, dit hat's satt. Eh, weeßte, ick hab ma vonne Freundin von drü'm so Farben jekricht, uff die hier alle scharf sind, weil die so leuchtend und so wat weeß ick sind. Eh, ick sach dir, ick konnt ja nischt damit anfang'! Wat sollst'n maln mit so bunte Farben? Eh, ick sach dir, die schaf-

fen hier noch die Farben ab. Wenn jetzt schon dit Rot von die Fahnen verblaßt, ick sach dir, denn machen die ernst! Keen Wunda, des alle abhaun hier. Und wer noch nich abjehaun is, der will abhaun. Und wer noch nich abhaun will, der wird och noch dahintakomm. Und der letzte macht det Licht aus.« (S. 140)

Ähnlich wie Dialekt werden auch Markennamen oder typisch ostdeutsche Alltagsbegriffe vor allem verwendet, um das Zeitgefühl einzufangen. Da diese Begriffe mehr und mehr aus dem Sprachgebrauch verschwinden, findest du hier eine Schnellübersicht über die im Roman verwendeten Wörter:

Verwendung von Markennamen im Roman

Begriff	Textbeleg	Kurzdefinition
AWO	18,28	Motorrad der Firma Awtowelo
Bärenblut	76,5	Rotwein aus Bulgarien
Blauhemd	112,30	Hemd der FDJ
Eingabe	35,31	eine Art Beschwerde an die Verwaltung
Kitifix	73,6	Klebstoffmarke
Subbotnik	27,21 f.	unentgeltlicher Arbeitseinsatz an einem Samstag
Tag der Republik	26,24 f.	Nationalfeiertag der DDR am 7. Oktober

Trabi	17,26	eines der meistgefahrenen Autos der DDR
Wartburg	41,10	eines der meistgefahrenen Autos der DDR
Zoni	9,8	abwertend für Ostdeutscher

Verwendung von Verwaltungssprache im Roman

Auch heute zeichnet sich Verwaltungssprache vor allem durch ungelenke Formulierungen und Abkürzungen aus, die ein Otto Normalverbraucher oft nicht versteht. Brussig verwendet sie gehäuft, um zu ironisieren, siehe dazu auch den Abschnitt »Brussig will unterhalten und kritisieren« in Kapitel 6 dieses Lektüreschlüssels, S. 73. Dem mündlichen Vortrag der »Petze« (S. 27) kann und will sicherlich keiner der Zuhörer folgen, da zahlreiche Abkürzungen in kurzer Zeit verwendet werden. Hier findest du einen Überblick über die im Roman verwendeten Abkürzungen der Verwaltungssprache:

Begriff	**Textbeleg**	**Kurzdefinition**
ABV	12,4	Abschnittsbevollmächtigter der Volkspolizei
DDR	22,6	Deutsche Demokratische Republik
DSF	27,21	Deutsch-Sowjetische Freundschaft

DTSB	27,21	Deutscher Turn- und Sportbund
FDJ	27,21	Freie Deutsche Jugend
GST	27,21	Gesellschaft für Sport und Technik
MfS	35,15	Ministerium für Staatssicherheit (Stasi)
ND	35,4	Neues Deutschland (Zeitung)
OvD	113,17	Offizier vom Dienst (auch im Westen)
Q3a	9,23	Kürzel für bestimmten Plattenbautyp
SED	42,2	Sozialistische Einheitspartei Deutschlands
Trapo	122,10	Transportpolizist

Erzählform und -verhalten

Die Erzählform ist schnell beschrieben: Stets wird in der dritten Person Singular berichtet. Der Erzähler ist keine eigenständige Figur der Handlung, sondern dient vor allem als Mittler zwischen Figuren und Leser.

■ Erzählform: Er-/Sie-Erzähler

Drei Typen des Erzählverhaltens

Nicht ganz eindeutig ist das Erzählverhalten. In seinem typologischen Modell der Erzählsituationen unterscheidet Franz Karl Stanzel drei Verhaltensweisen des Erzählens: Der personale Erzähler kennt nur die Innenperspektive einer Figur und berichtet aus ihrer Sichtweise. Die Gedanken und Gefühle anderer Personen werden dem Leser nicht oder nur indirekt durch äußerliche Anzeichen mitgeteilt. Der neutrale Erzähler tritt völlig hinter die Figuren und das Erzählte zurück. Er bewertet das Verhalten der Figuren nicht und kennt in der Regel auch keine Innenperspektive. Der auktoriale (oft auch allwissende) Erzähler kennt die Gefühle mehrerer oder aller Handelnden und bewertet das Verhalten der Figuren. Teilweise werden auch ironisierende Kommentare eingestreut.

Auktoriales Erzählen

In Brussigs Roman liegt eine Mischform aus personalem und auktorialem Erzählen vor, wobei die letztgenannte Form deutlich überwiegt. Es lassen sich zahlreiche Textbelege finden, in denen das Erzählverhalten eindeutig auktorial ist. Tritt eine neue Figur auf, so gibt der Erzähler meist Zusatzinformationen, die er nur hat, da er über dem Erzählten steht. Am klarsten ist dies bei Miriam, wenn erzählt wird, dass sie ein uneheliches Kind ist (S. 17 f.). Darüber hinaus ironisiert (siehe dazu den Abschnitt »Satire« in Kapitel 6 dieses Lektüreschlüssels, S. 76) und bewertet der Erzähler das Geschehen aus der Entfernung: So wird erklärt, dass die Musik zur Zeit der Handlung (Ende 1970er, Anfang 1980er) »viel besser als heute« (S. 57) war, und wenn anschließend von

CDs die Rede ist, so kann man auch klar angeben, wann dieses heute ist: Nämlich Ende der 1990er, als das Buch erschien und die CD das gängige Medium für Musik war.

Im achten Kapitel wird gesagt, dass der Zwangsumtausch – ein bestimmter Geldbetrag, den in die DDR Einreisende in die Landeswährung umtauschen mussten – später höher als zur Handlungszeit war (S. 89). Und auch die Episode um den späteren Präsidenten der Sowjetunion Michail Gorbatschow lässt sich nur erklären, wenn man bedenkt, dass der Erzähler mit mindestens zwanzig Jahren Abstand berichtet. Zur Zeit der Handlung war Gorbatschow ein weitgehend unbekannter Politiker, den Mario und Elisabeth nicht (er)kennen (S. 156). Nach dem Mauerfall und dem von ihm eingeleiteten Ende der Sowjetunion sind Gorbatschow und sein markantes Muttermal allerdings weltweit bekannt.

Der Erzähler ist zwar keine eigenständige Figur der Handlung, hat aber dennoch eine Ostidentität. Nur so lässt sich die Formulierung »Wir hatten ja keine Reisepässe« (S. 94) erklären. Auch heute sind Sätze der Form »Wir hatten ja … nicht« – ernsthaft oder ironisch geäußert – noch immer Teil der ostdeutschen Identität. Es kann festgehalten werden, der Erzähler berichtet distanziert aus einer Vergangenheit, die er selbst miterlebt hat. Siehe dazu auch das Ende des Romans und den Abschnitt »Brussig will erinnern: ›Ostalgie‹« in Kapitel 6 dieses Lektüreschlüssels, S. 69.

Anzeichen für personales Erzählen

Es sei darauf hingewiesen, dass personales Erzählen nicht mit einem Ich-Erzähler einhergehen muss. Die Erzählform des Er-/Sie-Erzählers kann mit personalem Erzählverhalten kombiniert werden, was viele Schülerinnen und Schüler zunächst irritiert. Vereinzelt lassen sich auch Anzeichen für personales Erzählen finden: Micha kann zum Beispiel nur spekulieren, warum der ABV ihn schikaniert: »Später reimte er sich zusammen, daß der ABV tatsächlich *Moscow, Moscow* im Kreise der Kollegen gespielt hatte« (S. 15 f.). Hier scheint der Erzähler nur die Innenperspektive von Micha zu kennen, und er klärt die Leserinnen und Leser nicht darüber auf, ob Michas Vermutungen der Wahrheit entsprechen. Ein auktorialer Erzähler könnte direkt vom »großen Polizeiball« (S. 16) berichten.

Dass der Erzähler und die Figur Micha eng miteinander verknüpft sind, zeigt sich auch an der Tatsache, dass er teilweise dessen Formulierungen übernimmt. So bezeichnet der Erzähler Sabines Freunde stets als »Aktuelle« (S. 62, 95) – eine Formulierung, die er zuvor Michas Sprachgebrauch entlehnt (S. 34). Doch konsequent durchgehalten wird diese Praktik nicht, denn Micha bezeichnet seine Clique als ein »Potential« (S. 10), eine Formulierung, die der Erzähler nicht wieder aufgreift.

Ähnlich verhält es sich im siebten Kapitel (S. 73–83). Dort erfahren Micha und mit ihm auch die Leserinnen und Leser des Romans aus einem Gespräch mit Mario, wie dieser die Existenzialistin Elisabeth kennengelernt hat. Ein personal anmutender Erzähler benutzt die Figur Mario also als Vermittler einer Episode, die Micha nicht kennen kann, da er nicht dabei war. Das Kapitel ist in Binnen- und Rahmenhandlung aufgeteilt (siehe dazu auch Kapitel 2 dieses Lektüreschlüssels, S. 17 f.). Diese erzähltechnisch doch recht komplizierte Struktur braucht man nicht, wenn der Erzähler zwischen einzelnen Figuren hin- und herspringt. Dies passiert im Kapitel »Fünfzig West zuwenig« (S. 51–58). Dort taucht Micha überhaupt nicht auf, und der Erzähler berichtet von Wuschels Erlebnissen eindeutig auktorial.

Spielerischer Umgang mit sprachlichen Fehlern

Dieses Kapitel schließt direkt an das vorhergehende an und behandelt einige Stellen, an welchen spielerisch mit Sprache umgegangen und das Geschehen somit ironisiert wird. Alle hier angeführten Stellen können als eindeutige Belege für auktoriales Erzählen gelesen werden. Gleich zu Anfang wird der ABV durch spielerischen Einsatz von Sprache verspottet (S. 13). Der Erzähler verwendet den korrekten Plural von Dienstgrad und lässt auch seine Figuren die falsche Pluralbildung des Polizisten erkennen. Als der Polizist seinen Fehler nicht bemerkt, sondern wiederholt, greift auch Wuschel die Formulierung auf, bevor er dem Polizisten frech entgegnet, dass sein Dienstgrad noch ziemlich weit unten sei. Später formuliert der ABV zunächst korrekt und formal: »Wessen Tonträ-

■ Dienstgrade und »Dienstgräder«

ger?«, und dann falsch und umgangssprachlich: »Wem seine Kassette ist das?« (S. 15) Durch den spielerischen Umgang mit Sprache wird angezeigt, dass der ABV nicht sonderlich schlau ist.

Weitere Beispiele

Die Sprache von Michas Bruder Bernd ist teilweise bis zur Unverständlichkeit soldatisch (S. 33, 116 f.) und die Sprache seiner Vorgesetzten falsch, so gibt es zum Beispiel den Superlativ »jedester« (S. 33) im Standarddeutschen nicht. Auf die sprachlichen Besonderheiten der beiden Quartiergäste Udo und Olaf wurde weiter oben schon eingegangen. Die Schulleiterin Erdmute Löffeling findet sogar bei Micha, der sich eigentlich gut ausdrücken kann und laut eines Parteifunktionärs sogar Journalist werden könnte (S. 80), einen sprachlichen Fehler. Micha sagt: »Denn je schmutziger die Lügen, desto in die Ecke getriebener ist der Gegner.« (S. 80) Auf den ersten Blick ein wohlformulierter komparativer Satz mit der Doppelkonjunktion *je ... desto*. Doch die Schulleiterin kritisiert die Verwendung des Komparativs. Tatsächlich lassen sich alle Adjektive (»dreckig«) oder Partizipien (»getrieben«) steigern, doch es gibt semantische Gründe, dies nicht immer zu tun. So können wir beispielsweise die Form »leerer« bilden, aber eine Sache kann entweder leer sein oder eben nicht. Es ist keine Steigerung möglich. Ebenso verhält es sich mit »in die Ecke getrieben sein«: Entweder man ist in die Ecke getrieben oder nicht. Hier liegt ein binäres Prinzip vor und eine Komparativ- oder gar Superlativbildung ist aus semantischen Gründen ausgeschlossen.

5. Quellen und Kontexte

»Eine Momentaufnahme in Zahlen: Ende des Jahres 1988 leben in der Deutschen Demokratischen Republik (DDR) 16 675 Millionen Menschen. Im bevölkerungsreichsten Bezirk Karl-Marx-Stadt haben 1 859 595 Menschen ihren Wohnsitz. Am dichtesten besiedelt ist die Hauptstadt Ost-Berlin. Bei einer Einwohnerzahl von 1 284 535 kommen hier statistisch betrachtet 3187 Menschen auf jeden Quadratkilometer.

Wer sind die Menschen hinter der Statistik? Wie hat sich ihr Leben verändert in den Jahrzehnten seit Gründung der DDR 1949? Welche Erfahrungen, welche Herausforderungen, welche Träume bestimmen ihren Alltag in der Diktatur? Wie leben sie ein Jahr vor dem Fall der Mauer am 9. November 1989?

16 675 Millionen Menschen bedeuten ebenso viele Alltage. Auf der einen Seite haben unterschiedliche Gegebenheiten, unterschiedliche Entwicklungen ihre Lebenswirklichkeit mitgestaltet; sie ist durch viele persönliche Entscheidungen und Erlebnisse geformt. Auf der anderen Seite wirken sich die politischen, wirtschaftlichen, sozialen und kulturellen Rahmenbedingungen auch auf ihr tägliches Leben grundlegend aus. Alltag ist damit ein vielgestaltiger Spiegel der jeweiligen Gegenwart. Er ist individuell und universell zugleich.«[1]

1 Dorothea Kraus, *Alltag in der DDR. Museum in der Kulturbrauerei*, Berlin 2017, S. 10.

Die Historikerin Dorothea Kraus wirft im mittleren Teil des angeführten Zitats einige Fragen auf. In einer von ihr mitgestalteten Ausstellung über den Alltag in der DDR versucht sie, zumindest einige dieser Fragen exemplarisch anhand von Einzelschicksalen zu beantworten. Wer die Ausstellung besucht, kann Tagebucheinträge lesen, private Fotografien betrachten und lernt einen typischen Einkaufsladen Ostberlins kennen. Verschiedene in der DDR produzierte Waren werden ebenso vorgestellt wie die Lebensweise der Fabrikarbeiterinnen und -arbeiter, die sie hergestellt haben. Die wissenschaftliche Aufarbeitung anhand von Dokumenten der Zeitgeschichte ist ein Weg, wie man der Nachwelt das Leben in der DDR (be)greifbar machen kann.

■ Wissenschaftliche Beschreibung des Lebens in der DDR

Brussig geht einen anderen Weg: den Weg der Literatur. Auch der Roman *Am kürzeren Ende der Sonnenallee* gibt Antwort auf die Frage: »Welche Erfahrungen, welche Herausforderungen, welche Träume bestimmen [den] Alltag in der Diktatur?« Auch hier werden Einzelschicksale, wenn auch fiktive, beleuchtet, und sie stehen exemplarisch für eine Generation, die im Schatten der Berliner Mauer aufgewachsen ist. Brussig und sein Roman stehen mit diesem Ansatz keineswegs alleine da. Im Kontext des zehnjährigen Jubiläums des Mauerfalls entstehen zahlreiche Romane, Theaterstücke und Filme, die den Literaturbetrieb, die Theaterlandschaft und das Kinoprogramm bis weit in die 2000er Jahre hinein prägen. Die meisten der Kunstschaffenden kommen selbst aus dem

■ Literarische Beschreibung des Lebens in der DDR

Osten und berichten auch über ihre eigenen Lebenserfahrungen. Die meisten der Autoren geben sich dabei bewusst kritisch und distanziert, während nur wenige andere nostalgisch auf das Leben in der DDR zurückblicken. Eine Auflistung aller Romane seit den 1990ern, die das Leben in der DDR behandeln, würde den Rahmen dieses Lektüreschlüssels sprengen.[2] Stellvertretend für viele andere Kinofilme seien hier die Komödien *Good Bye, Lenin!* (2003), *NVA* (2005) oder *Stasikomödie* (2022) und die Dramen *Das Leben der Anderen* (2006) und *Führer Ex* (2002) genannt. Neuerdings wird das Leben in Ostberlin auch in Serien thematisiert. Die ARD-Produktion *Weissensee* (2010–18) berichtet über die Wendejahre aus Sicht einer Familie der Oberschicht, und die ZDF-Produktion *Der Palast* (2021) erzählt die Geschichte eines Zwillingspaares in Westdeutschland und Ostberlin. All die genannten Werke liefern ebenso wie *Am kürzeren Ende der Sonnenallee* einen Einblick in den Alltag der Menschen in der DDR.

Auch wenn Brussig in einem Interview mit Sandra Maischberger[3] sagt, er habe nicht über sein eigenes Leben geschrieben und es gehöre zu seinem Selbstverständnis als Autor, dass er nicht über sich selbst

2 Eine Liste über 52 Romane mit Cover und Kurzbeschreibung findet man unter www.ddr-aufarbeitung.de/start/romane/ (Stand 11. 4. 2022). Doch auch diese Liste bleibt unvollständig.

3 In: *Sonnenallee – Das Buch zum Farbfilm*, hrsg. von Leander Haußmann, Berlin 1999, S. 8–24.

schreibe, denn die Erfindung sei immer edler als das Erlebte, so lässt sich nicht von der Hand weisen, dass der Roman ohne seine eigene Lebenserfahrung nicht entstanden wäre. Wie sonst wäre es ihm möglich, die Alltagssprache der Berliner (siehe den Abschnitt »Alltagssprache und Dokumentarstil« in Kapitel 4 dieses Lektüreschlüssels, S. 54) und die Enge in den Plattenbauten so authentisch einzufangen? Warum sonst sollte er so über die Musik der Zeit schwärmen (S. 51–58) und darüber berichten, wie schwer es ist, in ihren Genuss zu kommen? Was sonst sollte der Kontext für die zahlreichen Anekdoten und Geschichtchen sein?

Quelle ist die eigene Lebenserfahrung …

Trotzdem ist das Buch keineswegs autobiografisch. Während die meisten Figuren der Sonnenallee eher aufsässig, frech oder im Streit mit dem System sind, beschreibt sich Brussig als eher angepasst. Er hatte als Schüler eine leitende Rolle in der Freien Deutschen Jugend (FDJ) und durfte zuhause kein Westfernsehen gucken. Er fungiert also eher als Zeitzeuge, der berichtet, was sich realistischerweise zutragen könnte und nicht, was sich tatsächlich zugetragen hat. In einem Interview mit *Die Tageszeitung* fügt er hinzu, er habe auch nie *Am kürzeren Ende der Sonnenallee* gewohnt – das sei für ihn ein metaphorischer Ort.[4]

… aber nicht die eigene Biografie

4 Anke Westphal, »Die DDR als Hippie-Republik«, in: *Die Tageszeitung*, 28. 8. 1999, www.taz.de/Die-DDR-als-Hippie-Republik/!1273558/ (Stand: 2. 5. 2022).

6. Interpretationsansätze

Brussig will erinnern: ›Ostalgie‹

Wie bereits im vorherigen Kapitel geschildert, wird das Leben in der DDR in zahlreichen Romanen und Spielfilmen aufgearbeitet. Es meldet sich eine Generation von selbstbewussten Ostdeutschen zu Wort, die erlittenes Unrecht nicht in Vergessenheit geraten lassen will oder versucht, eine ostdeutsche Identität als Teil der deutschen Identität zu etablieren. Dass Thomas Brussig in Ostberlin geboren wurde und in seiner Jugend ähnliche Erfahrungen wie Micha und seine Clique gemacht haben wird, merkt man seinem Roman an. Die Einlassungen des Erzählers über die Musik der damaligen Zeit sprechen eine eindeutige Sprache: »Die Musik damals war gut, viel besser als heute. Das sagen alle, die schon damals einen Kassettenrecorder hatten.« (S. 57) Und ab und zu rutscht dem Erzähler das identitätsstiftende »wir« heraus: »Wir hatten ja keine Reisepässe« (S. 94). Eigentlich gilt es, Autor und Werk strikt zu trennen, aber bei Brussig fällt dies oft schwer, da sich viele seiner Werke um dieselbe Thematik drehen (siehe dazu auch das Kapitel 7: »Autor und Zeit« dieses Lektüreschlüssels, S. 104).

■ (Ost)deutsche Identität

Brussig, 1964 geboren, gehört zu einer besonderen Generation. Sie ist die einzige, die nur eine Jugend im Schatten der Mauer kennt. Die Berliner Mauer wurde im August 1961 gebaut. Brussig und auch seine Figuren sind also nicht nur in einer geteilten Stadt aufge-

■ Eine besondere Generation

wachsen, sondern sie kennen den Westteil wahrscheinlich auch nur aus Erzählungen von Älteren. Für Micha und seine Clique ist es normal, dass ihre Straße in zwei Teile geteilt ist und dass sie den längeren Teil der Straße nicht betreten dürfen, denn sie kennen es nicht anders. Vor diesem Hintergrund ist folgendes Gespräch zwischen Mario und Elisabeth wenig verwunderlich:

> »Sie stand auf und schaute aus dem Fenster, wo die Bogenlaternen den Todesstreifen beleuchteten. Die Existentialistin hatte schon über eine Flasche Wein getrunken. »Wir sind zur Freiheit verurteilt«, sagte sie. »Weißt du, was das für die Mauer bedeutet? Was Sartre zur Berliner Mauer sagen würde?«
>
> Mario war noch nicht richtig vertraut mit dem Existentialismus, deshalb mußte er raten: »Daß ich irgendwann in den Westen fahren darf.«
>
> »Nein«, sagte sie, »das genaue Gegenteil.«
>
> »Daß ich *nie* in den Westen fahren darf?« fragte Mario.
>
> »Daß es sie irgendwann nicht mehr geben wird«, sagte die Existentialistin, und das war für Mario so ungeheuerlich, das überstieg alles Vorstellbare. Er hätte niemals den Gedanken formulieren können, daß die Mauer plötzlich nicht mehr dasein könnte.« (S. 76)

Wer die weiteren historischen Verläufe kennt, dem scheint Marios Weltsicht beschränkt, doch das wäre vorschnell. Wer nach der Jahrtausendwende geboren ist, kann sich als *digital native* auch nur schwer eine Welt ohne Internet, Smartphones und Tablets vorstellen, denn der technische Fortschritt prägt unseren Alltag bis ins kleinste Detail. Ebenso ist Michas und Marios Alltag von der Teilung Berlins und Deutschlands geprägt, und ein geeintes Deutschland, Reisefreiheit und der Abriss der Mauer scheinen unvorstellbar.

Brussig will erinnern

Brussig will mit seinem Roman also zunächst eines: erinnern. Er möchte nachfolgenden Generationen zeigen, dass die Jugend im Schatten der Berliner Mauer eine besondere war. Ja, das Erwachsenwerden in der DDR hat seine Tücken. Vielleicht muss man für drei Jahre zur Armee, es ist nicht immer einfach, an gute Musik zu kommen, und an der Grenze trifft man auf arrogante Westler. Aber alles in allem ist es dennoch möglich, eine glückliche Jugend im Ostteil des geteilten Berlin zu erleben. So schließt der Roman auch:

> »Wer wirklich bewahren will, was geschehen ist, der darf sich nicht den Erinnerungen hingeben. Die menschliche Erinnerung ist ein viel zu wohliger Vorgang, um das Vergangene nur festzuhalten; sie ist das Gegenteil von dem, was sie zu sein vorgibt. Denn die Erinnerung kann mehr, viel mehr: Sie vollbringt beharrlich das Wunder, einen Frieden mit der Vergangenheit zu schließen, in dem sich jeder Groll verflüchtigt und der weiche Schleier der

Nostalgie über alles legt, was mal scharf und schneidend empfunden wurde.

Glückliche Menschen haben ein schlechtes Gedächtnis und reiche Erinnerungen.« (S. 156 f.)

Kollektives Gedächtnis

Tatsächlich leistet Brussig mit seinem Roman, der an das Leben in einem untergegangenen Staat erinnert, einen wichtigen Beitrag zum so genannten kollektiven Gedächtnis. Nach diesem Fachbegriff der Kulturwissenschaft wird einer Gemeinschaft oder einer Gesellschaft unterstellt, eine gemeinsame Gedächtnisleistung zu haben. Neben individuellem Erinnern – wie es möglicherweise im Roman verarbeitet wird – gibt es auch gemeinsames, das heißt kollektives Erinnern. Dieses Erinnern ist zweigeteilt: Die erste Komponente ist kommunikativ, besteht also aus einer mündlichen Tradition. Man findet sie in Gemeinschaften, wie zum Beispiel in Freundeskreisen oder Familien, die sich ein Erinnern an bestimmte Ereignisse teilen. Für uns interessanter ist jedoch die kulturelle Komponente des kollektiven Gedächtnisses. Nimmt man an, dass die Gesellschaft der wiedervereinigten Bundesrepublik Deutschland sich kollektiv an die DDR zurückerinnert, so braucht es Kulturschaffende, die diese Erinnerungen prägen. Brussigs Roman leistet hier einen Beitrag, er erinnert an das Lebensgefühl seiner Generation: An Sprache, an Musik und an Ideen. Und nimmt man noch den Film hinzu, so wird auch an die Mode der Zeit erinnert. Brussig definiert also, was uns allen von der Teilung

Deutschlands in den Köpfen hängenbleibt, siehe dazu auch den Abschnitt »*Am kürzeren Ende der Sonnenallee* als geschichtliche Quelle« in Kapitel 6 dieses Lektüreschlüssels, S. 95.

Aufbauend auf diese Erinnerungen kann man die Kritik formulieren, dass Brussig in seinem Roman die DDR nachträglich romantisch verklärt. Es darf nicht vergessen werden, dass der Staat die Grundrechte seiner Bürgerinnen und Bürger massiv einschränkte und das MfS einen ausgeklügelten Überwachungsapparat unterhielt, um Menschen zu bespitzeln und zu kontrollieren. Doch dieser Vorwurf wäre vorschnell. Wie das folgende Kapitel zeigt, ist Brussig weder Nostalgiker noch ›Ostalgiker‹.

Vorwurf der »Ostalgie«

Brussig will unterhalten und kritisieren: Satire

Am kürzeren Ende der Sonnenallee hat starken satirischen Charakter. Bei der Satire werden gesellschaftliche Verhältnisse auf lustige Art und Weise kritisiert. Zu satirischen Werken können Filme, Karikaturen, Karnevalswagen, Glossen in Zeitungen oder eben auch Novellen und Romane gezählt werden.

Die Kritik in Brussigs Roman richtet sich vornehmlich gegen den Staat. Der Staatsapparat der DDR ist überbürokratisiert und starr. Systemkonforme Ja-Sager hatten die besten Chancen, an hohe Stellen in der Verwaltung zu gelangen. Daher ist es nicht verwunderlich, dass alle Repräsentanten des Staatsap-

Der Staat wird kritisiert

parats, die im Roman in Erscheinung treten, nicht sonderlich schlau, aber überzeugte Sozialisten sind, die es mit der Auslegung von Regeln und Gesetzen meist besonders ernst meinen: Der ABV kontrolliert Micha streng, die Rektorin verdonnert schnell zu Redebeiträgen und der Parteifunktionär wirft Mario von der Schule. Doch meist bleibt staatliches Handeln glücklos. Der ABV wird degradiert, der Parteimensch versucht vergeblich, den Gemüseladen aufzupäppeln, und auch der Versuch des Grenzers, das Staatsgebiet der DDR zu vergrößern, ist zum Scheitern verurteilt. Horst Kuppisch kommentiert treffend: »Die Ostzeiten waren ein einziges Schützenfest, bei dem jeder Schuß nach hinten losging.« (S. 89) Siehe zu den einzelnen Figuren auch den Abschnitt »Der Staatsapparat« in Kapitel 3 dieses Lektüreschlüssels, S. 43.

Besonders der Parteifunktionär steht für glückloses staatliches Handeln. Ihm ist die Außenwahrnehmung der DDR wichtiger als das tatsächliche Wohl der Bürger, was die Episode um die Gemüsefrau verdeutlicht:

> »Dem Parteimenschen war aufgegangen, daß das erste und das letzte, was die Westberliner von der DDR sehen, ein Gemüseladen mit einem traurigen Angebot ist. *Suppenjrün det janze Jahr üba.* Det hatte jesessen.
>
> Es sollte im Osten *einen* Gemüseladen geben wie im Westen, und er sollte obendrein billiger sein. Der Funktionär kümmerte sich selbst darum […].

Nach wenigen Tagen war der Gemüseladen in der Sonnenallee richtig berühmt, geradezu legendär. Es bildete sich eine Schlange, die immer, immer länger wurde. Das erste und das letzte, was die Westbesucher also von der DDR sahen, war eine sehr, sehr lange Schlange ... Nein, so hatte sich das der Parteimensch nicht vorgestellt. Er ließ den Laden sofort schließen und überlegte nun, welche Artikel es ausschließlich in der DDR gibt. So was, fand er, muß im Gemüseladen verkauft werden. [...]

Zur Eröffnung war die Sonnenallee schwarz vor Menschen, die voller Hoffnung waren und sich jede Menge Geld eingesteckt hatten – als endlich die Verhüllungen von den Schaufenstern fielen, sahen sie rote Fahnen, DDR-Fahnen, Honeckerporträts, Mainelken, FDJ-Hemden, Pioniertrommeln und Embleme. Alles in allen Größen und Variationen. Daraufhin wurden noch am selben Tag auf dem Amt sieben Ausreiseanträge gestellt. ›Dauernd ist Wasser abjestellt, und nüscht zu koofen jibt's, außer so rotet Jelumpe‹, schimpfte einer der Antragsteller [...].

Tatsächlich machte dieser Laden keinen schlechten Umsatz, besonders in den späteren Jahren, als der Zwangsumtausch so hoch war, daß die Westler ihr Ostgeld kaum ausgeben konnten. Da nutzten viele die letzte Gelegenheit, ihr Geld loszuwerden, indem sie sich Papierfähnchen und andere kuriose Dinge kauften. [...] Die Gemüsefrau wurde zur Grande Dame der Sonnenallee, duftete nach Paris, schminkte sich wie die Königin der Nacht und legte sich glänzende Seidenschals über ihre Schultern.« (S. 87–89)

An dieser Episode lässt sich der satirische Charakter des Werkes exemplarisch herausarbeiten, denn er steckt voller Übertreibungen, die eines der beiden typischen Stilmittel der Satire sind (siehe Hervorhebungen im Text).

Stilmittel: Übertreibung

Stilmittel: Ironie

Das andere Stilmittel der Satire ist die Ironie. Der Roman als Ganzes hat einen ironischen Unterton, den man am besten an den Kommentaren des Erzählers greifbar machen kann. So ist Michas Schulleiterin Erdmute Löffeling beispielsweise mit diesem Namen »gestraft« (S. 22). An anderer Stelle macht sich der Erzähler über die soldatische Sprache Bernds lustig (S. 33), erzählt von der Degradierung des ABV (S. 15 f.) oder berichtet über die Probleme der DDR-Bürger, die verreisen wollen (S. 94 f.). Für weitere ironische Kommentare des Erzählers siehe auch den Abschnitt: »Erzählform und -verhalten« in Kapitel 4 dieses Lektüreschlüssels, S. 59.

Film und Buch

Buch und Film sind ungewöhnlich nah beieinander, was nur durch den besonderen Entstehungsprozess des Romans erklärt werden kann.

Normalerweise werden Romane oder Novellen für das Kino adaptiert. Das bedeutet, ein Regisseur

Abb. 8: Die Hauptdarsteller des Films *Sonnenallee* (1999) von Leander Haußmann – © IMAGO/ teutopress

nimmt sich eines literarischen Stoffes an und arbeitet ihn für die Leinwand um. Drehbuch und Buchvorlage liegen so meist weit auseinander, denn nicht alles, was mit Worten beschrieben werden kann, eignet sich zur filmischen Darstellung. Innere Konflikte werden zum Beispiel in Kinofilmen meist verkürzt oder nur sinnbildlich dargestellt. Bei *Sonnenallee* verhält es sich jedoch anders. Es ist der erste Kinofilm des Theaterregisseurs Leander Haußmann. Er hat das Drehbuch gemeinsam mit Thomas Brussig erarbeitet und dieser hat nach dem Dreh das Gefühl, dass noch nicht alle Geschichten aus dem Mikrokosmos der Sonnenallee erzählt worden sind. Für seinen Roman ordnet Brussig die einzelnen Geschichten neu an. Ei-

Der Film entsteht vor dem Buch

nige Erzählstränge werden gekürzt (zum Beispiel Michas gefälschte Tagebücher) und andere werden detaillierter erzählt (zum Beispiel Wuschels Plattenkauf).

Andere Handlungselemente treten neu hinzu, so zum Beispiel der verlorene Liebesbrief oder die Episode um die Gemüsefrau. Marios Versuch, die DDR durch systematischen Landkauf zu unterwandern, findet sich ebenfalls nicht im Film. Diese Episode zieht sich über mehrere Kapitel des Romans, und verschiedene Figuren diskutieren die Idee. Letztlich scheitert jedoch alles an einem Rechenfehler. Es ist leicht zu verstehen, warum es diese Geschichte nicht in den Film geschafft hat. Spannung und Tempo wird in Filmen meist über starke Bilder erzeugt – hierfür sind die Diskussionen um den Landkauf nicht geeignet, da sie eher theoretischer Natur sind. Einige Szenen haben zwar in Film und Buch den gleichen Gehalt, werden aber anders dargestellt. Im Buch erklärt der Erzähler in einem Kommentar, dass die beiden Quartiergäste aus dem *»Tal der Ahnungslosen«* (S. 84) kommen und entsprechend bislang keine Westradio- und -fernsehsender kennen. Der Film braucht hierzu keinen Erzähler und das *»Tal der Ahnungslosen«* wird auch nicht explizit benannt. Er zeigt einfach, dass die beiden ahnungslos und über alle Maßen vom Westfernsehen begeistert sind. Der Zuschauer muss seine eigenen Rückschlüsse ziehen.

■ Filmisches und literarisches Erzählen

■ Nähe zum Theater

Auffällig am Spielfilm *Sonnenallee* ist auch seine Nähe zum Theater. Viele Szenen sind klar strukturiert und wirken dadurch bewusst künstlich, wie zum Beispiel die Tanzszene in der Schuldisco. Einige Dialoge leben von ihrem Sprachwitz und zielen auf einen Lacher beim Publikum ab. Die Szenerie ist oft stilisiert und Kulissen sind als solche zu erkennen. Am Ende des Filmes wird die vierte Wand durchbrochen und der gesamte Cast ist – theatertypisch – gleichzeitig zu sehen und tanzt zu Wuschels neuer Platte.

Zwei Filmversionen

Dem folgenden Vergleich zwischen literarischem und filmischem Werk liegt die kürzere Kinofassung des Films zugrunde. Diese Version findet man auch auf der DVD und bei Streaminganbietern. Für das Fernsehen wurde jedoch eine etwas längere Fassung erstellt, damit der Film die übliche Spielfilmlänge hat. Einige Szenen setzen etwas früher ein oder werden um zuvor gekürzte Dialoge verlängert. Außerdem gibt es zwei völlig neue Szenen. Die eine zeigt Onkel Heinz' Beerdigung und die andere ein Gespräch zwischen Miriam und ihrer Mutter.[5]

Unterschiede Spielfilm und Roman

Hier eine Übersicht, die Unterschiede von Film und Buch gegenüberstellt. Die Liste orientiert sich soweit möglich an der Reihenfolge von Film und Buch und hat keinen Anspruch auf Vollständigkeit.

5 Alle Unterschiede findet man detailliert geschildert unter www.schnittberichte.com/schnittbericht.php?ID=1897 (Stand: 17. 3. 2022).

Film	Buch
Der Film heißt *Sonnenallee.*	Der Roman heißt *Am kürzeren Ende der Sonnenallee.*
Micha heißt mit Nachnamen Ehrenreich.	Micha heißt mit Nachnamen Kuppisch.
Der Film beginnt mit dem Überspielen eines verbotenen Songs in Michas Zimmer.	Das Buch beginnt mit einer geschichtlichen Anekdote über die Potsdamer Konferenz.
Micha ist gleichzeitig Figur und Ich-Erzähler.	Der Er-Erzähler und Micha sind verschiedene Instanzen.
Micha ist siebzehn.	Micha ist fünfzehn.
Die Episoden um Michas Bruder Bernd fehlen.	Micha hat einen Bruder namens Bernd.
Als Onkel Heinz kommt, macht sich Horst am MuFuTi (= Multifunktionstisch) zu schaffen.	Der Tisch heißt schlicht Ausziehtisch.
Horst schaut Westfernsehen und beschwert sich über Ostsender.	Die Szene wird durch Zeitungen ersetzt. Horst liest die *Berliner Zeitung*, soll laut seiner Frau aber *Neues Deutschland* lesen.
Der ABV besucht die Familie zuhause.	Der ABV unterhält sich lediglich mit der Clique auf der Straße.
Die Jungs werden gemustert und sollen für drei Jahre in der NVA dienen.	Eine Musterung findet nicht statt.

Die Tanzschule spielt keine Rolle.	Fast die ganze Clique besucht die Tanzschule.
Der Wessi von der Schülerdisco und der Scheich von Berlin sind dieselbe Figur.	Der Wessi von der Schülerdisco und der Scheich von Berlin sind zwei verschiedene Figuren.
Micha lässt sich mit Absicht zu einem Diskussionsbeitrag verdonnern, um bei Miriam zu sein.	Micha wird vor Miriam zu einem Diskussionsbeitrag verdonnert, und seine Freunde wollen nun auch einen halten.
Wuschel trifft nur den Plattendealer Kante, um seine *Exile on Main Street* zu kaufen.	Wuschel trifft viele Figuren, um sein Album zu kaufen.
Die Existenzialistin heißt Sabrina.	Die Existenzialistin heißt Elisabeth.
Sabrina und Mario lernen sich auf einem Schwarzmarkt für Literatur, Zeitschriften und Schallplatten kennen.	Sie lernen sich in einem Hochhaus kennen, und Mario muss die Außentreppe hochrennen, um Elisabeth nicht zu verpassen.
Mario und Sabrina teilen ihr Asthmamedikament mit der ganzen Clique.	Mario und Elisabeth nehmen die Droge nur zu zweit.
Micha baggert Miriam im Drogenrausch an.	Micha baggert Miriam im Alkoholrausch an.
Micha spricht schon direkt nach Marios Party von seinen Tagebüchern.	Die Tagebücher werden erst im letzten Kapitel erwähnt.

Mario fliegt von der Schule, weil er gemeinsam mit Micha auf den Grenzstreifen pinkelt.	Mario fliegt wegen der Hunger-Hunger-Show von der Schule
Eine entsprechende Szene fehlt.	Mario und Elisabeth wollen die DDR durch systematischen Landkauf unterwandern.
Die Quartiergäste sind begeistert vom Westfernsehen.	Westfernsehen wird nicht erwähnt, aber es wird berichtet, dass sie aus dem *»Tal der Ahnungslosen«* (S. 84) kommen und somit zuhause kein Westfernsehen empfangen können.
Die Quartiergäste bleiben den ganzen Abend vor dem Fernseher.	Sie mischen nachts die Nachbarschaft auf.
Ein verlorener Liebesbrief kommt nicht vor, dafür wird mehr über Michas Tagebuchschreiben berichtet.	Der verlorene Liebesbrief macht einen Großteil der Handlung um Miriam und Micha aus.
Sabine hat nur drei »Aktuelle«, der Bergsteiger fehlt.	Sie hat vier »Aktuelle« (S. 34).
Eine Gemüsefrau ist zwar mehrmals zu sehen, aber es wird keine Geschichte über sie erzählt.	Über die Gemüsefrau und ihren besonderen Laden wird berichtet.
Der vermeintliche Stasi-Nachbar heißt Fromm.	Er bleibt namenlos.

Mario und Sabrina heiraten.	Von einer Hochzeit ist nicht die Rede.
Ein »Wunderrusse« wird nicht erwähnt.	Ein »Wunderrusse« (S. 156) bringt Elisabeths und Marios Kind zur Welt.

Kapitelüberschriften

Die Kapitelüberschriften des Romans sind alle erst nach dem Lesen des Kapitels zu verstehen. Sie bereiten die Leserin oder den Leser nicht auf den Inhalt des Kapitels vor, sondern stellen ein kleines Rätsel dar, das man beim Lesen lösen kann. Oft sind die Überschriften von besonderem literarischem Gehalt oder enthalten popkulturelle Referenzen.

Kapitel	**Anspielungen, Referenzen**
Churchills kalter Stumpen (S. 7–10)	Anspielung auf die Zigarre des britischen Premiers, die nach Michas Überlegungen für die Teilung der Sonnenallee und damit für das Schicksal der Bewohner auf der Ostseite verantwortlich ist. Populärwissenschaftliche Anspielung: Schmetterlingseffekt. Er besagt, dass der Flügelschlag eines Schmetterlings einen Tornado auslösen kann.
Die Verdonnerten (S. 11–31)	Gemeint sind Micha und Miriam, die beide einen Diskussionsbeitrag ausarbeiten müssen.

Woalledurch-einanderreden (S. 32–42)	Gemeint ist Michas Familie. Im Kapitel wechseln die Gesprächsthemen sehr schnell. Die fehlenden Leerzeichen stehen für die Enge in den Q3a-Bauten und veranlassen ein schnelleres Lesen, womit ein Gefühl der Hektik vermittelt wird, das auch in der Wohnung der Familie vorherrscht.
Die drei von der Tanzschule (S. 43–50)	Gemeint sind Mario, Brille und der Dicke. Popkulturelle Anspielung: *Die drei von der Tankstelle* – Film aus den 1930er Jahren. Lautliche und inhaltliche Übereinstimmung.
Fünfzig West zuwenig (S. 51–58)	Anspielung auf den Preis der *Exile on Main Street*-Platte, die Wuschel besitzen möchte. Sie kostet fünfzig (West-) Deutsche Mark.
Ton oder Knete, das ist hier die Frage (S. 59–72)	Ton oder Knete sind beides in der Hand formbare Materialien, wobei Knete eine umgangssprachliche Bezeichnung für Geld ist. Herr Kuppisch fragt kritisch nach, warum Schauspieler *Ton* und nicht *Knete* in der Hand eines Regisseurs sind. »[D]as ist hier die Frage« (S. 59) spielt auf Shakespeares *Hamlet* an, was zu Sabine passt, die in diesem Kapitel für Shakespeares *Macbeth* probt.
Non, je ne regrette rien (S. 73–83)	Lied von Edith Piaf, das Elisabeth und Mario hören. Der Titel heißt auf Deutsch: *Nein, ich bereue nichts*. Dies passt zur Haltung Marios, als er bei der Schulleiterin ist.

Avanti Popolo (S. 84–90)	Italienisches Arbeiterlied, das von den beiden Revolution treibenden Quartiergästen Udo und Olaf angestimmt wird. Auf Deutsch etwa: ›Auf, Volk!‹
Das Herz ein Stück größer (S. 91–93)	»Ein großes Herz haben« bedeutet sprichwörtlich, ein guter Mensch zu sein. Micha nimmt sich vor, Miriam nicht mehr imponieren zu wollen (Kontrolle durch ABV) oder auf dem versprochenen Kuss zu beharren.
Der hinterletzte Russenstiefelputzer in der asiatischen Steppe (S. 94–100)	Diese Überschrift ist tatsächlich wörtlich gemeint, denn genau der beschriebene Mann leistet dem Bergsteiger-Aktuellen von Sabine unfreiwillig Hilfe und so schafft er es, die chinesische Grenze zu passieren.
Je t'aime (S. 101–109)	Lied von Serge Gainsbourg und Jane Birkin, das zuvor ebenfalls von der Existenzialistin gehört wird und Micha dabei helfen soll, Miriam zu küssen. Der Titel auf Deutsch: *Ich liebe dich.*
Unterwandern: So, so oder so (S. 110–120)	Im Kapitel werden drei Wege gezeigt, wie man die DDR unterwandern könnte.
Wie Deutschland nicht gevierteilt wurde (S. 121–133)	Die Vierteilung ist eine grausame Art der Todesstrafe. Mario und Elisabeth wollen mit ihrer Landkauf-Aktion erreichen, dass Deutschland in vier Teile geteilt wird: BRD, DDR, Westberlin und die von ihnen neu gegründete Republik.

Leben und Sterben in der Sonnenallee (S. 134–157)	Anspielung auf den Film *Leben und Sterben in L. A.* (1985), der von Polizisten in der Großstadt handelt und auf die Ersetzbarkeit der Akteure hinweist. Im Kapitel entsteht mit dem Baby von Elisabeth und Mario ein neues Leben, während Wuschel beinahe und Onkel Heinz tatsächlich sterben.

Am kürzeren Ende der Sonnenallee als androzentrischer Jugendroman

Ein Jugendroman …

Die literarische Gattung des Jugendromans ist schnell beschrieben. Sie ist eine Untergattung des Romans und richtet sich an eine jugendliche Leserschaft. Dementsprechend ist die Sprache meist bewusst einfach gehalten und es werden Themen behandelt, die für junge Menschen von besonderem Interesse sind. Meist sind die Hauptfiguren ebenfalls im jugendlichen Alter, so dass sich Leserinnen und Leser möglichst einfach mit den Hauptfiguren identifizieren können.

… der eine besondere Zeit behandelt

All diese Kriterien erfüllt *Am kürzeren Ende der Sonnenallee.* Micha und seine Freunde haben ähnliche Probleme, wie sie Jugendliche auch heute noch haben: Es geht um die erste Liebe, die ersten Partys, um Klamotten, um Musik und um die Sorge, was man mal mit seinem Leben anstellen soll, wenn man mit der Schule fertig ist. So weit, so normal. Das Besondere an Michas Situation ist nun jedoch, dass er in einer

Diktatur lebt, die seine Persönlichkeitsrechte einschränkt. Das heißt zum Beispiel, dass es gar nicht so einfach ist, an die Musik zu kommen, die er gerne hören würde, denn sie ist möglicherweise verboten und deswegen nur auf dem Schwarzmarkt erhältlich. Da Micha zudem in einer geteilten Stadt lebt, muss er sich nicht nur mit seinen Klassenkameraden messen, sondern auch mit Jungs aus dem Westen, die mit ihren Klamotten oder ihren Autos protzen. Zu all dem wohnt er auch noch in Grenznähe, das heißt, er kann festgesetzt werden, wenn er keinen Ausweis dabeihat, und Beleidigungen, die über die Berliner Mauer gebrüllt werden, gehören zu seinem Alltag. Die jugendliche Leserschaft erkennt also altbekannte Probleme wieder, die aufgrund von Michas besonderer Lebenssituation weiter verschärft werden. Durch einen Abgleich der eigenen Lebensrealität mit derjenigen der Figuren wird den Leserinnen und Lesern die historische Besonderheit von Brussigs Generation bewusst, die im geteilten Deutschland aufgewachsen ist.

Vereinfacht gesprochen ist der typische Stoff eines Jugendromans also das Erwachsenwerden der Figuren. Micha selbst stellt fest, dass »er für den Kuß, den Miriam ihm versprochen hatte, erwachsen werden mußte« (S. 93). Doch strenggenommen geht es nicht um das Erwachsenwerden im Allgemeinen, sondern spezieller um das Mannwerden der Protagonisten. So fasst der Erzähler das Lebensgefühl von Michas Clique wie folgt zusammen: »Sie fühlten, wie es ist, ein Mann zu werden, und die Musik, die dazu lief, war

■ … der androzentrisch ist

immer stark.« (S. 58) Und wenn es darum geht, Miriam anzusprechen: »Micha blieb gar nichts anderes übrig, als sich ein Herz zu fassen und das zu tun, was ein Mann tun muß.« (S. 24) Und später: »Es war das erstemal, daß in ihm eine Ahnung aufstieg, was es *auch* heißt, ein Mann zu sein, und Micha traute sich zu, als *Mann* für eine Frau dazusein.« (S. 70) Dass der Roman das Mannwerden seiner Protagonisten in den Mittelpunkt stellt, ist natürlich nicht zu kritisieren. Die Art und Weise, wie er dies tut, ist jedoch teilweise problematisch. So ist der Roman stark androzentrisch, das bedeutet, er nimmt eine männliche Perspektive ein, in der Frauen nur eine untergeordnete Rolle spielen. Bereits in den Abschnitten »Michas Familie« und »Michas Freunde« in Kapitel 3 dieses Lektüreschlüssels, S. 30–35, 35–43, wurde darauf eingegangen, dass die Frauenfiguren eher blass und unterkomplex bleiben.

■ Unterkomplexe Frauenfiguren

Doris Kuppisch tritt fast nur als besorgte Hausfrau und Mutter auf. Miriam ist das Objekt männlicher Begierde. Sie hat nicht nur in Michas Clique, sondern sogar im Westen mehrere Verehrer. Die Erklärung hierfür ist schlicht ihr gutes Aussehen, sie gilt als die »Schulschönste« (S. 16 f.). Ihr Charakter wird erst ganz am Ende des Romans beschrieben. Gleichzeitig hat sie eine Freundin, der dieses äußere Merkmal der Schönheit fehlt. Nicht nur Micha und seine Clique, sondern auch der Erzähler des Romans bezeichnet sie aufgrund ihres deformierten Gesichts als »Schrapnell« (S. 23). Mario sagt zu Micha: »Ich weiß, daß du was gut hast bei mir – aber komm nicht auf die Idee, daß ich die betanzen muß.« (S. 23) Als Mario seine spätere Freundin kennenlernt, verguckt er sich aufgrund ihres Lächelns sofort ins sie und berichtet Micha später, er habe »was aufgetan« (S. 73). Das heißt, Mädchen, die Marios Schönheitsideal entsprechen, werden »aufgetan« und erobert, während solche, die diesem Ideal nicht entsprechen »betanz[t]« (S. 23) werden müssen.

Liebesgeschichte aus männlicher Perspektive

Auch die Liebesgeschichte mit Miriam ist keine Geschichte unter Gleichrangigen. Es scheint eher so, als ob Miriam ein Preis ist, den es zu gewinnen gilt. Dies geschieht unter Zuhilfenahme verschiedener Tricks: Micha lässt sich zu einem Redebeitrag verdonnern, sorgt dafür, dass er stets den letzten Tanz der Stunde mit Miriam hat und dass das richtige Lied bei Marios Party läuft. Es wird berichtet, wie Nebenbuhler von der Bildfläche verschwinden, weil sie zur Armee eingezogen oder von der Stasi festgesetzt werden, und zu guter Letzt fälscht Micha Tagebücher von der ersten Klasse bis zu seiner Gegenwart. Das alles ist zwar amüsant und ein Lesevergnügen, doch wird ein fatales Signal an die junge Leserschaft beider Geschlechter gesendet. Jungen Männern wird vorgelebt, dass man Frauen erobern muss und dabei trickreich vorgehen sollte. Es ist von vornherein klar, dass Männer aus dem Westen einen klaren Startvorteil haben, da sie reicher sind und ein Auto fahren. Männer, die nicht ins Männlichkeitsbild passen, werden als »*[S]chwuchteln*« (S. 44) abgetan. Junge Leserinnen finden im Roman nur schwerlich eine Figur, mit der sie sich identifizieren können. Miriam wird stets objektifiziert

(S. 135 f. oder 144), erleidet einen Schwächeanfall und tritt die Flucht an, als Marios Party aus dem Ruder zu laufen droht. Einzig Elisabeth kann als starke Frauenfigur angesehen werden. Sie lebt ein selbstbestimmtes Leben und spricht klar aus, was sie will und was nicht. Sie prägt Mario und die ganze Clique mit ihren Ideen.

Nun könnte man sagen, die androzentrische Anlage des Romans sei der Handlungszeit und dem Handlungsort geschuldet, doch tatsächlich war die Gleichberechtigung der Geschlechter in der DDR in zahlreichen Bereichen weiter vorangeschritten als in der BRD. Außerdem würde man so die Zeit der Handlung mit der Zeit des Verfassens des Romans durcheinanderbringen. Zwanzig Jahre nach der im Roman behandelten Zeit müssen veraltete Rollenklischees nicht weiter verfestigt werden und Worte wie »Schrapnell« oder »Schwuchtel« sollten nicht allzu unbedacht verwendet werden.

Am kürzeren Ende der Sonnenallee als Roman in Episoden

Hauptandlung: Liebesgeschichte

Es ist möglich, den Roman als bloße Aneinanderreihung von Episoden oder Anekdoten zu lesen. Eine Episode ist eine Nebenhandlung, die man auch weglassen könnte, ohne dabei die Haupthandlung zu beeinflussen. Die Haupthandlung des Romans ist eindeutig die Liebesgeschichte zwischen Miriam und Micha, inklusive des Kussversprechens, des verlorenen Liebesbriefs und der gefälschten Tagebücher. Alles andere ist Nebenhandlung in Form von Episoden, welche die Liebesgeschichte nicht beeinflussen. Dabei muss man zuerst den groben Aufbau des Romans beachten:

Grobe Struktur des Romans

Im ersten Kapitel wird der Titel *Am kürzeren Ende der Sonnenallee* erläutert, die Hauptfigur vorgestellt und die Ausgangssituation beschrieben: Micha lebt im Schatten der Berliner Mauer auf deren Ostseite, und diese Tatsache prägt beinahe jede Sekunde seines Alltags. Das bildet die Grundlage für fast alle Episoden, die im Roman vorkommen. Fast alle Figuren leben in den engen Plattenbauten und machen ähnliche Erfahrungen mit Staat und Gesellschaft. Bevor im zweiten Kapitel Michas Clique vorgestellt wird, betont er: »Wir sind ein Potential« (S. 10), und der Erzähler fügt an, dass Micha selbst nicht genau wisse, was er damit eigentlich meine. Der Begriff »Potenzial« (so die gängige Schreibweise) meint die Fähigkeit eines Menschen, etwas zu leisten. Die Leistung der Figuren in *Am kürzeren Ende der Sonnenallee* besteht darin, dass sie sich hervorragend dazu eignen, in kurzen Geschichten aufzutreten, wie sie nur im Ostberlin der 1970er Jahre erzählt werden können.

Episoden zu drei Figurengruppen

Diese Geschichten – oder Episoden – kann man anhand der in ihnen auftretenden Figuren in drei Gruppen einteilen. Es gibt Episoden über Michas Clique, Michas Familie und Randfiguren, zu denen hier auch die Figuren des Staatsapparats gerechnet werden (siehe die Abschnitte »Michas Familie«, »Michas Freunde«, »Der Staatsapparat« und »Randfiguren« in Kapitel 3 dieses Lektüreschlüssels, S. 26–51). Die beiden erstgenannten Figurengruppen werden im zweiten beziehungsweise dritten Kapitel eingeführt. Die Randfiguren tauchen meist nur in einer Episode auf und bedürfen daher keiner Vorstellung. Die folgenden Kapitel dienen der Entfaltung der Haupthandlung um Micha und Miriam und beinhalten zahlreiche Episoden verschiedener Figurengruppen. Im letzten Kapitel werden Nebenhandlungen, die über mehrere Kapitel eine Rolle spielen, zusammengetragen.

<table>
<tr><td colspan="3"><u>Erstes Kapitel:</u> Die Ausgangslage wird vorgestellt.</td></tr>
<tr><td><u>Zweites Kapitel:</u> Die Clique als Quelle für Episoden wird vorgestellt.</td><td><u>Drittes Kapitel:</u> Die Familie als Quelle für Episoden wird vorgestellt.</td><td><u>Ohne Kapitel:</u> Randfiguren, die nur in einzelnen Episoden vorkommen, bleiben ohne Vorstellung.</td></tr>
<tr><td colspan="3"><u>Die weiteren Kapitel:</u> Haupthandlung um Miriam und Micha wird entfaltet und durch Episoden um Clique, Familie und Randfiguren ergänzt.</td></tr>
<tr><td colspan="3"><u>Letztes Kapitel:</u> Haupthandlung und längere Episoden werden in einen lockeren Sinnzusammenhang gestellt.</td></tr>
</table>

Erstens: Episoden aus der Clique

Wie bereits im Abschnitt »Michas Freunde« in Kapitel 3 dieses Lektüreschlüssels gezeigt, ist Mario neben Micha die einzige Figur, die eine Entwicklung erlebt. Marios Erlebnisse kann man als zusammenhängende Nebenhandlung auffassen oder in einzelne Episoden unterteilen. Fasst man sie als Nebenhandlung auf, so wird die Geschichte eines Jungen erzählt, der von der Schule fliegt, zuhause rausgeworfen wird und mit seiner neuen Partnerin einen alternativen Lebensstil pflegt. Doch in den Roman eingebunden wird diese Nebenhandlung in Form von mehreren Episoden: Das Kennenlernen von Mario und Elisabeth ist eine Episode und die Binnenhandlung des Kapitels *Non, je ne regrette rien* (S. 73–83), der Rauswurf ist eine weitere Episode und Teil der Rahmenhandlung desselben Kapitels. Marios Plan, die DDR durch Landkauf zu unterwandern, bildet eine eigene Episode (S. 110 f.), ebenso auch seine Hausparty (S. 103–109) und die Geburt seines Kindes im letzten Kapitel (S. 154–156).

Wuschels Plattenkauf ist eine weitere Episode, die sich aus Figuren des Freundeskreises von Micha speist. Sie stellt ein eigenes Kapitel dar (S. 51–58) und wird im letzten Kapitel noch einmal aufgegriffen und zum Höhepunkt geführt (S. 143).

Zweitens: Episoden aus der Familie

Am eindeutigsten ist die Episodenstruktur bei Michas Geschwistern zu erkennen. Bernd hat zwei längere Auftritte, im ersten wird über seine soldatische Sprache berichtet und im zweiten über seine unabsichtliche Wahlmanipulation (S. 114 f.). Sabine wird viermal erwähnt (S. 34, 62, 95, 103 f.), und immer hat sie einen neuen Freund, dessen Vorstellung als Episode aufgefasst werden kann. Bei den Eltern und Onkel Heinz ist die Struktur weniger eindeutig. Sie werden immer wieder nebenbei erwähnt, wobei sich ihre Themen – Eingaben schreiben (Horst), vorsichtig sein und auf Stasi achten (Doris) und Asbest (Heinz) – kaum verändern.

Drittens: Episoden von Randfiguren

Einige der Episoden um die Nebenfiguren interagieren überhaupt nicht mit der Haupthandlung und andere nur sehr gering. Ersatzlos weggelassen werden könnten, ohne die Haupthandlung zu beeinträchtigen, zum Beispiel die Episode um die Gemüsefrau (S. 87–90) oder über die Quartiergäste aus Pirna bei Dresden (S. 84–90). Ebenso ist der Grenzbeamte weglassbar, der in einer Episode die technische Einfachheit eines Radios, hergestellt in der DDR, lobt (S. 60) und in einer weiteren Episode ihr Staatsgebiet stetig vergrößert (S. 94). Einzig die Episode um den Scheich von Berlin (S. 135–137) treibt die Liebesgeschichte um Miriam und Micha etwas voran, denn so verabschiedet sich ein Nebenbuhler Michas. Trotzdem erfüllen all diese Episoden einen Zweck. Dank ihnen schafft es Brussig, den Zeitgeist der DDR der 1970er Jahre einzufangen. Siehe dazu den Abschnitt »*Am kürzeren Ende der Sonnenallee* als geschichtliche Quelle« in diesem Kapitel des Lektüreschlüssels, S. 95.

Die Entstehung des Romans und die Nähe zum Film

Der besondere Entstehungsprozess des Romans ist für die auffällige Struktur in Episoden verantwortlich. Wie bereits im Abschnitt »Film und Buch« in Kapitel 6, S. 76, angesprochen, ist das Drehbuch zu Leander Haußmanns Film vor dem Roman entstanden.

Brussigs Roman basiert auf dem Drehbuch und wird durch einige Episoden angereichert, die sich nicht für eine filmische Darstellung eignen. Episodisches Erzählen ist bei Filmen keine Seltenheit. In den

1990er Jahren erlebt die Erzählform einen Höhepunkt: Genannt seien Woody Allens *New Yorker Geschichten* (1989), Quentin Tarantinos *Pulp Fiction* (1994) oder *Four Rooms* (1995) und *Das merkwürdige Verhalten geschlechtsreifer Großstädter zur Paarungszeit* (1998) von Marc Rothemund.

Das Verarbeiten einzelner Episoden zu Romanen ist bei zahlreichen zeitgenössischen Autoren zu beobachten. Nur ein Jahr nach *Am kürzeren Ende der Sonnenallee* erscheint beispielsweise Wladimir Kaminers Debütroman *Russendisko*, der ebenfalls aus verschiedenen Episoden besteht, die locker aneinandergereiht sind. Es werden zahlreiche Romane Kaminers mit ähnlichem Aufbau folgen. Über den Autor ist bekannt, dass er spontane Eingebungen als kleine Geschichten festhält und diese anschließend thematisch ordnet, locker miteinander verknüpft und sie schließlich als Roman veröffentlicht. Auch Daniel Kehlmanns Roman *Ruhm* (2009) funktioniert ähnlich. Er trägt die Arbeitstechnik sogar im Untertitel: *Ein Roman in neun Geschichten.*

■ Parallele zu anderen Autoren

Am kürzeren Ende der Sonnenallee als geschichtliche Quelle

Spätestens in den 1980er Jahren etabliert sich auch in der deutschen Geschichtswissenschaft der Zweig der Alltagsgeschichte. Neben der Geschichte der großen Männer, der Revolutionen, der Kriege und der epochenbildenden Ereignisse soll auch Sozialgeschichte

■ Alltagsgeschichte

im Kleinen betrieben werden. Dabei werden Lebensumstände von Angehörigen unterschiedlicher sozialer Schichten, Orte und Zeiten beleuchtet. Historiker interessieren sich dafür, was die alten Römer gegessen haben, wie Bauern im Mittelalter wohnten oder was der typische Bürger des 19. Jahrhunderts gelesen hat. Dabei greifen sie auf unterschiedliches Quellenmaterial zurück. Archäologische Ausgrabungen, persönliche Aufzeichnungen, Zeitzeugenbefragungen oder statistische Erhebungen werden herangezogen, um entweder ein Gesamtbild zu zeichnen oder ein Einzelschicksal zu beleuchten, das beispielhaft für andere stehen kann. Letzteres kann auch Literatur leisten. Wer sich beispielsweise mit den Gepflogenheiten Berliner oder Brandenburger Bürger des 19. Jahrhunderts beschäftigen will, dem seien die Novellen und Romane von Theodor Fontane ans Herz gelegt. Und wer wissen will, wie es sich anfühlt, zur Wende zum 20. Jahrhundert in einer Großstadt in Deutschland oder Österreich zu leben, der muss expressionistische Lyrik lesen.

Ein gewissenhafter Historiker würde einen Roman sicherlich nicht als historische Quelle ansehen, denn die Handelnden sind Figuren und keine Personen. Das bedeutet, sie sind der Fantasie des Autors entsprungen und keine tatsächlich lebenden Menschen. Möglicherweise haben reale Personen Pate für einige Figuren gestanden, aber solche Verbindungen sind aus historischer und literaturwissenschaftlicher Perspektive nur schwer nachzuweisen.

Viel gewinnbringender ist es ohnehin, Thomas Brussig als Zeitzeuge anzusehen, der nicht von wirklich Erlebtem berichtet, sondern versucht, den Zeitgeist einzufangen. Und das ist dem Autor gelungen. Auch wenn es Micha und seine Clique so nicht gibt, so gab es doch unzählige Jugendliche, die in den 70er und 80er Jahren in der DDR Rock- und Popmusik aus dem Radio aufnahmen oder von Schallplatte auf Kassette überspielten. Genauso gab es Leute in Ostberlin, die unzufrieden waren und sich ständig vornahmen, eine Eingabe zu schreiben, es dann aber doch lieber aufgeschoben haben und sich auf das Meckern im Privaten beschränkten. Ebenso gab es andere, die nach außen hin vorbildliche Sozialistinnen waren, aber heimlich ihre Emigration planten oder innerlich bereits emigriert waren. Sicherlich gab es auch den einen oder anderen Polizisten, Grenzbeamten oder Soldaten, der seine Rolle im Staat etwas zu ernst nahm.

Zeitgeist

Doch der Zeitgeist schlägt sich nicht nur in der Denk- beziehungsweise der Fühlweise einer Epoche, sondern auch in der Sprache nieder. Brussig gelingt es in Verwaltungs- und Alltagssprache, in Dialekt und unter Verwendung DDR-typischer Markennamen, den Zeitgeist einzufangen, und er liefert so ein authentisches Dokument der Zeitgeschichte (siehe dazu auch den Abschnitt »Bewusste Verwendung von ostdeutscher Sprache« in Kapitel 4 dieses Lektüreschlüssels, S. 54). Er arbeitet nicht wie ein Historiker, der laut dem ›Vater‹ der deutschen Geschichtswissenschaft, Leopold von Ranke, die Aufgabe hat, zu berichten, wie es eigentlich gewesen *ist,*[6] sondern er nimmt die Rolle eines Mittlers ein, der berichtet, wie es gewesen sein *könnte*. Es liegt nun an seinen Leserinnen und Lesern, die vorliegenden Informationen nicht als Tatsachen, sondern als Möglichkeiten anzunehmen und sie in das individuelle Geschichtsbild einzuordnen.

Möglichkeiten anstatt Tatsachen

Der Roman beginnt und endet mit scheinbar historischen, tatsächlich aber frei erfundenen Anekdoten, die locker in seinen Handlungszusammenhang eingeflochten sind. Zu Beginn werden die Potsdamer Konferenz und ihre drei Teilnehmer Truman, Churchill und Stalin erwähnt (S. 7). Und am Ende taucht ein »Wunderrusse« (S. 156) auf und bringt das Baby von Mario und Elisabeth zur Welt. Hierbei handelt es sich um den späteren Präsidenten der Sowjetunion Michail Gorbatschow. Brussig geht spielerisch mit diesen vier historischen Persönlichkeiten um. Gorbatschow war bis Anfang der 1980er Jahre ein in Deutschland weitestgehend unbekannter Politiker, und er hat sicherlich kein Kind in den Straßen Berlins auf die Welt gebracht, und ebenso hat eine Zigarre höchstwahrscheinlich keine größere Rolle bei der Aufteilung Berlins unter den Siegermächten des Zweiten Weltkriegs gespielt. Wie der

Historische Persönlichkeiten

6 Siehe Rudolf Vierhaus: »Rankes Begriff der historischen Objektivität«, in: *Objektivität und Parteilichkeit in der Geschichtswissenschaft*, hrsg. von Reinhart Koselleck, Wolfgang J. Mommsen und Jörn Rüsen, München 1977, S. 63–76.

ganze Roman sind auch diese Teile fiktiv, aber der Autor spielt bewusst damit, dass es sich so zugetragen haben *könnte*.

In ihrer Rolle als Mittler zwischen historischem Gegenstand und seinem Rezipienten übernehmen Autorinnen und Autoren im Allgemeinen und hier auch Brussig im Speziellen eine weitere Aufgabe: Sie prägen ein Narrativ. Das bedeutet, sie entscheiden mit, wie ein historischer Gegenstand oder eine Epoche erinnert und weitererzählt werden, und schreiben ihnen nachträglich einen Sinn zu, indem Einzelaspekte zu einem Gesamtkonstrukt verbunden werden. Wie bereits in den Abschnitten »Brussig will erinnern: ›Ostalgie‹« und »Brussig will unterhalten und kritisieren: Satire« des Kapitels 6, S. 69–73, 73–76, angesprochen, gelingt Brussig hier der Spagat zwischen ›Ostalgie‹ und dem Kritisieren des politischen und gesellschaftlichen Systems der DDR. Der Roman *Am kürzeren Ende der Sonnenallee* trägt dazu bei, dass die DDR als das erinnert wird, was sie war. Ein Unrechtsstaat, der persönliche Freiheiten zum Teil gewaltsam unterdrückt und es dem Einzelnen doch erlaubt, in einer persönlichen Nische ein beschauliches und glückliches Leben zu führen.

Narrativ

Doppelte Historizität

Man kann die Beschäftigung mit der DDR in den Medien grob in zwei Phasen einteilen: In den 1990ern geht man sehr kritisch mit der Unrechtsherrschaft in

Ostdeutschland um, bevor um die 2000er Jahre besonders in Film und Literatur eine Welle der sogenannten ›Ostalgie‹ einsetzt, in der auch spielerisch und ironisierend mit dem einstigen Unrechtsstaat umgegangen wird. *Am kürzeren Ende der Sonnenallee* gehört eindeutig zur zweiten Phase.

Als Brussig seinen Roman verfasst, existiert die DDR also seit etwa zehn Jahren nicht mehr und die Zeit des Romans dürfte etwa zwanzig Jahre zurückliegen. Auch wenn Brussig selbst Zeitzeuge ist, so ist das, worüber er berichtet, bereits Geschichte. Er berichtet aus der Retrospektive. Die friedliche Revolution von 1989 sowie die darauffolgende Wiedervereinigung Deutschlands können als Happy End angesehen werden, das dazu verleitet, zuvor bestehendes Unrecht nachträglich zu relativieren. Brussig schreibt am Ende des Romans selbst:

> »Wer wirklich bewahren will, was geschehen ist, der darf sich nicht den Erinnerungen hingeben. Die menschliche Erinnerung ist ein viel zu wohliger Vorgang, um das Vergangene nur festzuhalten; sie ist das Gegenteil von dem, was sie zu sein vorgibt. Denn die Erinnerung kann mehr, viel mehr: Sie vollbringt beharrlich das Wunder, einen Frieden mit der Vergangenheit zu schließen, in dem sich jeder Groll verflüchtigt und der weiche Schleier der Nostalgie über alles legt, was mal scharf und schneidend empfunden wurde.« (S. 156 f.)

Der Autor beschäftigt sich also mit einem Stoff, der trotz der zeitlichen Nähe als historisch angesehen werden muss, da mit der Wiedervereinigung eine Zäsur zwischen Handlungszeitpunkt und dem Zeitpunkt des Verfassens des Romans liegt. Das allein wäre allerdings noch kein Fall von »doppelter Historizität«. Hinzugenommen werden muss noch die adressierte Leserschaft Brussigs. Als Jugendroman thematisiert *Am kürzeren Ende der Sonnenallee* nicht nur Jugendliche, sondern das Buch richtet sich auch an ein junges Publikum, das die DDR nicht selbst miterlebt hat. Als junge Leserin oder als junger Leser sollte man also im Hinterkopf behalten, dass der Roman den Zeitgeist der DDR der späten 1970er oder frühen 80er abbildet, selbst aber dem Zeitgeist der 2000er Jahre entspricht.

Beispielhaft kann die doppelte Historizität an einer Episode des Grenzbeamten festgemacht werden. Er führt Onkel Heinz ein Radio vor, das er an der Grenze konfisziert hat. Es handelt sich um ein japanisches Fabrikat, das durch alle möglichen technischen Raffinessen zu überzeugen weiß. Nicht jedoch den Grenzbeamten, der auf das deutlich einfachere »Fichtelberg« (S. 60) (ein DDR-Fabrikat) schwört. Es hat deutlich weniger Knöpfe und ist deswegen einfacher handhabbar, und außerdem lobt er den »sparsamste[n] Materialeinsatz« (S. 60). Leserinnen und Leser, die den Roman bei Erstveröffentlichung 1999 gekauft und gelesen haben, machen sich sicherlich gemeinsam mit dem Erzähler über den Grenzbeamten lustig: Er

Beispiel: Grenzer

versucht vergeblich, den technischen Vorsprung des Westens kleinzureden, und seine Argumente (Einfachheit und sparsamer Materialeinsatz) klingen eher wie Ausreden. Nun ist aber auch das Jahr 1999 bereits Geschichte und heutige Leserinnen und Leser sind der Argumentation des Grenzers möglicherweise gar nicht mehr so abgeneigt. Wir alle besitzen Smartphones, Laptops oder Flachbildfernseher, die man aufgrund ihrer komplizierten Bauweise nur sehr schwierig oder gar nicht reparieren kann. Selbst wenn dies theoretisch möglich wäre, so fehlt es doch an Leuten, die das nötige Knowhow besitzen und preiswerte Reparaturen anbieten könnten. Ebenso lohnt sich eine Reparatur meistens nicht, da die Geräte nach wenigen Jahren sowieso technisch völlig veraltet sind. Erst jetzt findet ein Umdenken statt. Der Wegwerfkapitalismus wird kritisiert und ein Recht auf Reparatur gefordert. Aus heutiger Sicht wird die Argumentation des Grenzers anders bewertet, da sich der Zeitgeist verändert hat. Produkte aus der DDR besitzen aufgrund ihrer Zuverlässigkeit und langen Haltbarkeit teilweise Kultstatus. So sieht man zum Beispiel noch heute Motorroller aus DDR-Zeiten auf Berliner Straßen, deren Produktion seit über dreißig Jahren eingestellt ist. Doch wer etwas technisches Geschick besitzt, der kann die Fahrzeuge selbst warten und pflegen. Wahrscheinlich wird kein Smartphone, das gerade in Verwendung ist, in 30 Jahren noch funktionieren – eine Tatsache, die immer mehr Menschen kritisieren.

Ein weiteres Beispiel, an dem man das Phänomen der doppelten Historizität festmachen kann, sind die Medien, mit welchen sich die Jugendlichen ihre Musik anhören. In der behandelten Zeit werden Schallplatten auf Kassetten oder Tonbänder überspielt. Der Erzähler kommentiert: »Heute benutzt alle Welt CDs. CDs sind besser, aber Platten haben viel mehr Charme.« (S. 57) Ein Leser der 2000er Jahre würde hier eher an MP3-Player und einer der 2020er Jahre sicherlich an Streaminganbieter auf seinem Smartphone denken. Aus heutiger Sicht wirken CDs ähnlich antiquiert wie Schallplatten.

Beispiel: Musikmedien

7. Autor und Zeit[7]

Leben in der DDR

Thomas Brussig wird am 19. Dezember 1964 in Ostberlin geboren. Von 1971 bis 1981 besucht er eine polytechnische Oberschule, bevor er eine dreijährige Ausbildung zum Baufacharbeiter mit dem Abitur abschließt. Bis zur Wende hält er sich mit Gelegenheitsjobs über Wasser. Er arbeitet unter anderem als Museumspförtner, Tellerwäscher, Reiseleiter, Hotelportier, Fabrikarbeiter und Fremdenführer. Außerdem absolviert er seinen Wehrdienst bei den Volkspolizei-Bereitschaften. Seine Erfahrungen, die er als Jugendlicher in der DDR macht, verarbeitet er in zahlreichen Romanen – auch wenn er betont, dass diese keinen autobiographischen Charakter haben.[8]

Wendezeit und Studium

Erst nach der Wende schreibt sich Brussig an einer Universität ein. An der Freien Universität Berlin studiert er zunächst Soziologie. Nach drei Jahren wechselt er noch ohne Abschluss nach Potsdam-Babelsberg, wo er an der Hochschule für Film und Fernsehen im Jahr 2000 sein Diplom als Film- und Fernsehdramaturg erhält. Während seiner zehnjährigen Studienzeit liegt sein Hauptaugenmerk jedoch auf seiner schriftstellerischen Tätigkeit.

Brussig als Autor

Bereits 1991 erscheint Brussigs Debütroman *Wasserfarben*. Damals schreibt er noch unter dem Pseudonym Cordt Berneburger. Es folgen *Helden wie wir*

7 Die meisten Informationen dieses Kapitels stammen von: www.thomasbrussig.de/biographie (Stand: 11. 4. 2022).

8 Siehe Haußmann (s. Anm. 3), S. 9.

Abb. 9: Thomas Brussig an der Gedenkstätte Berliner Mauer entlang der Bernauer Straße (2014) – © IMAGO / Charles Yunck

(1995), *Am kürzeren Ende der Sonnenallee* (1999), *Leben bis Männer* (2001), *Wie es leuchtet* (2004), *Berliner Orgie* (2007), *Schiedsrichter Fertig* (2007), *Das gibts in keinem Russenfilm* (2015), *Beste Absichten* (2017) und *Die Verwandelten* (2020). Fast alle seine Romane haben jugendliche Protagonisten und thematisieren entweder das Alltagsleben in der DDR oder die Wendezeit. Eine Ausnahme stellt *Der Wurm am Turm* (2011) dar. In Zusammenarbeit mit der Illustratorin Kitty Kahane thematisiert dieses Buch für Erstleser den Turmbau zu Babel. Brussigs Romane sind nationale und internationale Erfolge. Es liegen Übersetzungen in 28 verschiedene Sprachen vor.

Brussig am Theater

Die Bühnenversion des Romans *Helden wie wir* schafft es auf verschiedene Berliner Bühnen und wird von der Kritik weitestgehend gelobt.[9] Und auch *Leben bis Männer*, das die Gedanken eines Fußballtrainers in Ostdeutschland thematisiert, wird nach der Premiere in Berlin auf zahlreichen Bühnen vor allem im Osten der Republik gespielt. Das Stück *Heimsuchung*, welches im Staatstheater Mainz uraufgeführt wird, erhält von Kritikern jedoch vorwiegend schlechte Rezensionen. Dem Autor wird vorgeworfen, nicht für das Theater schreiben zu können:

> »Ein Stück voller Missverständnisse, aufgebaut auf dem grundlegenden dramaturgischen Missverständnis, Text sei alles im Theater. Bei Thomas Brussig gibt es keine lebendigen Figuren, sondern nur geschwätzige Selbstbehauptungen.«[10]

Als sehr erfolgreich erweist sich dafür das Musical *Hinterm Horizont*, das nach dem gleichnamigen Lied von Udo Lindenberg benannt ist. Brussig schreibt das Buch, Lindenberg steuert die Lieder bei und Ulrich Waller führt Regie. Lindenberg ist gleichzeitig der Protagonist der weitestgehend fiktiven Handlung. Die Aufführungen in Berlin und Hamburg sehen insgesamt über zwei Millionen Menschen.

9 Siehe www.thomasbrussig.de/theater-rezensionen/helden-wie-wir-im-theater-rezensionen (Stand: 11. 4. 2022).

10 Hartmut Krug, »*Heimsuchung*: Klappe und Pappe«, *Der Tagesspiegel*, 10. 10. 2000, www.tagesspiegel.de/kultur/heimsuchung-klappe-und-pappe/171134.html (Stand: 11.4. 2022).

1999 erscheinen gleich zwei Filme, an denen Brussig mitwirkt. Der Film *Sonnenallee* wird ausführlich im Abschnitt »Film und Buch« des Kapitels 3 dieses Lektüreschlüssels, S. 76–86, besprochen. Der Film *Helden wie wir* stellt eine klassische Literaturverfilmung dar. 2004 schreibt Brussig zudem das Drehbuch zum dritten Teil der *Heimat*-Trilogie, in dem es unter anderem um den Fall der Berliner Mauer geht. Ein Jahr später erscheint mit *NVA* nach dem Erfolg von *Sonnenallee* eine weitere in Zusammenarbeit mit Leander Haußmann entwickelte Komödie. Der Film verlacht den Alltag von Rekruten in der Nationalen Volksarmee (NVA).

Brussigs Filme

Für seine Arbeit in verschiedenen Bereichen wird Brussig vielfach ausgezeichnet. Gemeinsam mit Leander Haußmann wird ihm 1999 der Deutsche Drehbuchpreis von der Bundesregierung für *Sonnenallee* verliehen. Für den zugehörigen Roman erhält Brussig den Hans-Fallada-Preis der Stadt Neumünster, der alle zwei Jahre für Werke mit politisch-sozialen Themen verliehen wird. Im gleichen Jahr wird er auch von der *Berliner Zeitung* (BZ) mit dem BZ-Kulturpreis ausgezeichnet. 2005 erhält er die Carl-Zuckmayer-Medaille des Landes Rheinland-Pfalz. Zudem wird Brussig 2012 der Deutsche Comedypreis für seine Mitarbeit an der ZDF-Produktion *Stankowskis Millionen* verliehen.

Auszeichnungen und Preise

Brussig lebt heute mit seiner Frau und zwei Kindern abwechselnd in Berlin und in Mecklenburg. Er ist Mitglied der Deutschen Akademie für Fußball-

Brussig heute

Kultur und spielte für die Autorennationalmannschaft (kurz: Autonama),[11] die Fußballnationalmannschaft der Schriftsteller. Kontrovers diskutiert wurde ein Gastbeitrag für die *Süddeutsche Zeitung* mit dem Titel »Mehr Diktatur wagen«[12], der auf einen Ausspruch Willy Brandts anspielt (»Wir wollen mehr Demokratie wagen«). Brussig fordert, dass die Bundesregierung zur effektiveren Bekämpfung der Coronapandemie mehr Vollmachten erhält. Vor allem in den sozialen Medien war die Kritik groß, denn Brussigs Vorschläge sind nicht mit dem Grundgesetz vereinbar.

11 Nähere Informationen finden sich auf deren Website: www.autonama.de/w2/ (Stand: 11.4.2022).

12 Thomas Brussig, »Mehr Diktatur wagen«, in: *Süddeutsche Zeitung*, 5. 2. 2021, www.sueddeutsche.de/kultur/corona-diktatur-thomas-brussig-1.5199495 (Stand: 11. 4. 2022) [hinter Paywall].

8. Rezeption

Kritiken und Rezensionen

Hier soll auf zwei Arten von Kritiken beziehungsweise Rezensionen eingegangen werden. Zum einen auf diejenigen, die von professionellen Journalistinnen und Journalisten direkt nach dem Erscheinen des Romans verfasst wurden, und zum anderen auf Rezensionen, die auf Onlineportalen zu finden sind, wo auch Schülerinnen und Schüler zu Wort kommen.

Brussig ist 1999 kein Unbekannter mehr. Nach dem Überraschungserfolg von *Helden wie wir* ist der Wunsch nach einem Folgeroman groß, und *Am kürzeren Ende der Sonnenallee* wird in vielen großen Tageszeitungen rezensiert.

Buchkritiken in Zeitungen

Die Resonanz ist überwiegend positiv. Inge Zenker-Baltes bescheinigt Brussig, keine »literarische Eintagsfliege«[13] zu sein und an den Erfolg von *Helden wie wir* anknüpfen zu können. Anke Westphal schreibt in der *Tageszeitung*: »Der neue Roman von Thomas Brussig ist eine Spitzenleistung der Spaßguerilla Ost«.[14] Der Roman sei mehr als eine Ansammlung von Pleiten, Pech und Pannen, denn er zeige, wie das Leben in der DDR gerade durch das Scheitern erträglich wurde, kommentiert Thomas Schuldt für den Rheinischen Merkur.[15]

13 Inge Zenker-Baltes, »Der Wunderrusse mit dem Muttermal«, in: Der Tagesspiegel, 30. 8. 1999.
14 Westphal (s. Anm. 4).
15 Thomas Schuldt, »Zoni macht Winkewinke«, in: *Rheinischer Merkur*, 24. 9. 1999.

Tobias Rüther vergleicht Buch und Film: »Haußmanns Film ist laut, fahrig und sehr komisch. Brussig hat für seine Romanfassung den Ton gedämpft, ohne dabei an Witz einzubüßen.«[16]

Rezensionen auf Onlineportalen

Auf *www. lesejury. de* können Userinnen und User Bücher bewerten, die sie gelesen haben. Zu Brussigs Roman finden sich einige Rezensionen, die durchweg mindestens vier von fünf Sternen vergeben. Besonders interessant zu sehen ist, dass auch einige Schülerinnen und Schüler kommentieren. Es wird berichtet, wie man dem Roman anfangs kritisch gegenübergestanden habe, dieser dann aber durch seine Komik und Einfachheit zu überzeugen wisse. In einem Beitrag ist zu lesen: »Es hat zwar als eine Schullektüre für mich begonnen, doch dann wurde es zu meinem lieblings-historischen Roman«. Und in einer weiteren Bewertung steht: »Alles in allem ein spannendes, lesenswertes [B]uch, das einfach eine perfekte Schullektüre ist!«[17]

Ein gemischtes Bild zeigt sich auf *www. lovelybooks. de*, hier bewerteten über 300 Mitglieder den Roman und er erhält insgesamt 3,4 von fünf Sternen. Ein Kommentar spricht *Am kürzeren Ende der Sonnenallee* das komische Potenzial ab:

16 Tobias Rüther, »Mitten im Leben von Staatsmacht umgeben«, in: *literaturkritik.de*, 1. 12. 1999, www.literaturkritik.de/public/rezension.php?rez_id=668 (Stand: 12. 4. 2022).
17 www.lesejury.de/thomas-brussig/ebooks/am-kuerzeren-ende-der-sonnenallee/9783104037639 (Stand: 12. 4. 2022).

> »Vereinzelt spannend und lustig, allerdings nur vereinzelt. Denn Freude beim Lesen fand ich nur an den wenigen [l]ustigen Stellen und diese brachten mich wenn dann auch nur zum Schmunzeln, höchstens zum Grinsen.«

Und ein anderer Leser spricht von einer »schreckliche[n] Schullektüre«.[18]

Theater und Film

Der Roman *Am kürzeren Ende der Sonnenallee* ist bereits zweimal für die Bühne bearbeitet worden. Im Jahr 2009 feiert die Version von Ulrich Radoy Premiere am Berliner Zentraltheater. Das Stück beginnt mit einem Prolog des ABV Horkefeld, der das Publikum mit starkem Berliner Dialekt und in gewohnter Bürokratensprache zum Ausschalten der Mobiltelefone auffordert. Anschließend lernen die Zuschauer Michas Clique kennen, die gerade Miriam hinterherträumt. Eine andere Fassung wurde unter der Regie von Peter Dehler 2016 in Hamburg uraufgeführt. Hier wird vermehrt mit musikalischen Einlagen gearbeitet, und auch die Potsdamer Konferenz wird auf der Bühne dargestellt. Diese Fassung wird auch heute noch von verschiedenen Theatern in ganz Deutschland gespielt.

Bühnenfassungen

18 www.lovelybooks.de/autor/Thomas-Brussig/Am-k%C3%B Crzeren-Ende-der-Sonnenallee-143206740-w/ (Stand: 12.4.2022).

Film

Der Film *Sonnenallee* stellt keine Literaturverfilmung im klassischen Sinne dar. Vielmehr ist der Film Vorlage für den Roman. Der Regisseur Leander Haußmann ist ein enger Freund von Thomas Brussig, und die beiden erarbeiteten gemeinsam das Drehbuch zum Film. Da nicht alle Ideen im Film dargestellt werden konnten, hat Brussig das Drehbuch zu einem Roman umgearbeitet und um weitere Handlungsstränge ergänzt. Eine genaue Liste von Unterschieden von Film und Roman findest du im Abschnitt »Film und Buch« in Kapitel 6 dieses Lektüreschlüssels, S. 76–83.

9. Wort- und Sacherläuterungen

7,14 **Potsdamer Konferenz:** abgehalten vom 17. Juli bis 2. August 1945 im Cecilienhof bei Potsdam von drei der vier Siegermächte des Zweiten Weltkriegs, vertreten durch Stalin, S. Truman, Churchill und die Außenminister der jeweiligen Länder. Es wurden die Aufteilung Deutschlands in Besatzungszonen und politische Grundsätze im Umgang mit den Besiegten beschlossen.

7,14 f. **Josef Stalin:** (1878–1953), eigentlicher Name Iosseb Bessarionis dse Dschughaschwili, der Namenszusatz »Stalin« bedeutet ›der Stählerne‹. Er war kommunistischer Politiker georgischer Herkunft und von 1927 bis zu seinem Tod Diktator der Sowjetunion.

7,15 **Harry S. Truman:** (1884–1972), US-amerikanischer Politiker der Demokratischen Partei und von 1945 bis 1953 der 33. Präsident der USA.

Winston Churchill: (1874–1965), der wichtigste britische Staatsmann des 20. Jahrhunderts, Literaturnobelpreisträger (1953) und zweimaliger britischer Premierminister (1940–45 und 1951–55).

7,18 **Despoten:** Gewalt- oder Schreckensherrscher.

9,8 **Zoni:** Da die BRD die DDR erst Anfang der 1970er Jahre als souveränen Staat anerkannte, hielt sich die Bezeichnung »sowjetische Besatzungszone« (SBZ) oder umgangssprachlich schlicht »Zone« lange im Sprachgebrauch. Ihre Bewohner wurden (abwertend) »Zoni« genannt.

9,12 **Todesstreifen:** auf der Ostseite der Berliner Mauer vorgelagertes, bewusst unbebautes Land, das man nicht betreten durfte. Die Wachen hatten Schießbefehl, falls der Bereich dennoch betreten wurde.

9,23 **Q3a-Bauten:** verwaltungssprachliches Kürzel für den weit verbreiteten Plattenbau Querwandtyp Nr. 3 Variante A.

11,8 **subversiver:** umstürzlerischer.

11,11 **SFBeat:** »S-F-Beat« war eine Radiosendung mit moderner Musik im westdeutschen *Sender Freies Berlin*, der auch in Ostberlin empfangen werden konnte.

11,14 f. ***Hiroshima:*** japanische Stadt, die im Zweiten Weltkrieg durch eine US-amerikanische Atombombe zerstört wurde, und Titel eines Songs aus dem Jahr 1971 der Band *Wishful Thinking.*

11,15 ***Je t'aime:*** (frz.) »Ich liebe dich«. Anspielung auf das Duett *Je t'aime … moi non plus* von Serge Gainsbourg und Jane Birkin (1969), das aufgrund von eindeutig erotischen Textpassagen und Stimmlagen für Aufsehen in ganz Europa sorgte.

11,16 **[The] Rolling Stones:** britische Rockband, die in den 1960ern nicht nur durch musikalischen Erfolg, sondern auch aufgrund ihres exzessiven Lebensstils auffiel.

11,17 f. ***Moscow, Moscow*** **von »Wonderland«:** *Moscow* war als unpolitisches Lied eigentlich nicht verboten, wurde aber nicht in ostdeutschen Radiosendungen gespielt, wahrscheinlich aufgrund des düsteren Klangs und der Erwähnung von Moskau.

12,4 **ABV:** Abschnittsbevollmächtigter der Volkspolizei.

12,24: **Jimi Hendrix:** (1942–1970), US-amerikanischer Gitarrist mit auffälligen Afrolocken.

17,25 **Adlergestell … Baumschulenstraße:** Straßen im

Ost-Berliner Ortsteil Baumschulenweg, in welchem sich auch das kürzere Ende der Sonnenallee befindet.

17,26 **Trabi:** kurz für Trabant, neben dem Wartburg das meistgefahrene Auto in der DDR.

18,24 **deformierte:** verunstaltete.

18,28 **AWO:** Kurzwort für ein von der Firma »Awtowelo« hergestelltes Motorrad.

18,29 **Viertakter:** eigentlich Viertaktmotor. Benötigt für einen Kreisprozess-Umlauf vier Arbeitsschritte; im Gegensatz zum Zweitaktmotor aufwendiger und preisintensiver.

19,9 **Zweitakter:** eigentlich Zweitaktmotor. Benötigt für einen Kreisprozess-Umlauf zwei Arbeitsschritte; im Gegensatz zum Viertaktmotor einfacher und kostengünstiger.

20,17 **Matchbox:** Markenbezeichnung für Spielzeugautos der Firma Lesney Products & Co. Ltd. (London) in Streichholzschachtelgröße.

21,23 f. **Zerspaner oder Facharbeiter für Umformtechnik:** behördensprachliche Bezeichnungen für in der Metallindustrie beschäftigte Personen.

21,27 **Schillers *Bürgschaft*:** Ballade von FriedrichSchiller aus dem Jahr 1799, die wahre Freundschaft zum Thema hat.

22,3 **Lenin:** Wladimir Iljitsch Lenin (1870–1924) war russischer Revolutionär, einer der Begründer der Sowjetunion und sozialistischer Theoretiker.

22,27 f. **Marxismus-Leninismus:** seit den 1920er Jahren die offizielle politische Ideologie der Sowjetunion und später auch der Staaten des Warschauer Pakts.

23,23 **Schrapnell:** mit Metallkugeln gefülltes Granatgeschoss.

25,19 **John-F.-Kennedy-Gymnasium:** John-F.-Kennedy-Schule: deutsch-amerikanische Schule im (Westberliner) Stadtteil Zehlendorf, die seit der Ermordung des 35. US-Präsidenten (1963) dessen Namen trägt.

26,24 f. **7. Oktober:** »Tag der Republik«, Nationalfeiertag in der DDR.

27,21 **FDJ:** Freie Deutsche Jugend, Jugendorganisation in der DDR.

DSF: (Gesellschaft für) Deutsch-Sowjetische Freundschaft, die der Bevölkerung Kenntnisse über die Sowjetunion vermitteln sollte.

GST: Gesellschaft für Sport und Technik, zuständig für vormilitärische Ausbildung der Jugend.

27,21 f. **Subbotniks:** von russ. *subbota* ›Samstag‹. Unbezahlte Arbeitseinsätze am Samstag.

29,2 **Timbre:** Klangfarbe der Stimme.

34,19 **in der Partei:** hier mit bestimmtem Artikel, weil es mit der Sozialistischen Einheitspartei (SED) in der DDR de facto nur eine einzige Partei gab.

35,4 **ND:** Neues Deutschland. Tageszeitung, die von der SED zu Propagandazwecken benutzt wurde. Sie besteht bis heute fort und wird vor allem in den neuen Bundesländern gelesen.

35,15 **Stasi:** Das Ministerium für Staatssicherheit (eigentlich mit MfS abgekürzt) überwachte die Bürger der DDR und betrieb ein großes Netzwerk von Spitzeln.

35,31 **Eingabe:** Nach dem »Eingabengesetz« von 1961 war es Bürgern der DDR möglich, direkt an der Gestaltung des Staates in Form von Beschwerden oder Verbesserungsvorschlägen – sogenannten Eingaben – mitzuwirken.

37,5 f. **The Doors:** US-amerikanische Rockband.

37,7 f. **Fünfundzwanzig Jahre Sibirien:** Sibirien ist der zu Russland gehörige sehr dünn besiedelte Norden Asiens. Dort befanden sich die Straflager der Sowjetunion, in welche man politische Gegner brachte.

38,14 **Asbest:** Mineralfaser, die in der Bauindustrie zur preiswerten Wärmedämmung von Gebäuden verwendet wurde und krebserregend ist.

38,23 **Rosenbergs in Sing-Sing:** Julius Rosenberg und seine Ehefrau Ethel Rosenberg wurden Anfang der 1950er Jahre in den USA der Rüstungsspionage angeklagt und 1953 im New Yorker Staatsgefängnis Sing Sing hingerichtet.

40,2 **Harvard:** Eliteuniversität in den USA.

40,2 f. **Oxforder:** Oxford: Universitätsstadt in England.

40,3 **Sorbonne:** Eliteuniversität in Frankreich.

40,12 **»Rotes Kloster«:** eigentlich Journalistenschule in Leipzig, die partei- und staatstreue Journalisten ausbildet. Hier eher allgemeine Schule, die als ›Kaderschmiede‹ gilt.

41,10 **Wartburg:** Automarke aus Eisenach, benannt nach der dortigen Burg. Neben dem Trabant (s. Anm. zu 17,26) das meistgefahrene Auto der DDR.

42,2 **SED:** Sozialistische Einheitspartei Deutschland, (s. Anm. zu 34,19).

42,13 **Eisernen Vorhang:** aus der Theaterwissenschaft entlehnter Begriff, der die Teilung Europas in ideologischer Hinsicht beschreibt und dabei auch für die abgeriegelte Grenzlinie zwischen Ost und West steht.

44,16 **Pfennigabsätzen:** Stöckelschuhen, Stilettos.

44,22 f. **Turniertanzschwuchteln:** Schwuchtel: sehr problematischer (weil abwertender) Begriff zur Beschreibung feminin wirkender Homosexueller. Wird von männlichen Jugendlichen beleidigend verwendet, um sich von als homosexuell geltenden Verhaltensweisen abzugrenzen.

49,4 **Foxtrott:** gehört ebenso wie Tango, Walzer, Boogie-Woogie, Charleston und Rumba (S. 49 f.) zum erweiterten Standard- und Turniertanzrepertoire.

51,7 f. ***Exile on Main Street:*** erfolgreiches Doppelalbum der Rolling Stones (s. Anm. zu 11,16). Alle anderen Lieder auf Seite 51 sind ebenfalls von dieser Band.

51,11 **Jugoscheiß:** umgangssprachlicher Ausdruck für minderwertige Ware aus Jugoslawien.

51,14 **brummt:** umgangssprachlich für »sitzt im Gefängnis«.

52,10 **Strausberg:** Berliner Vorort, etwa 30 Kilometer westlich des Alexanderplatzes.

52,19 ***Fan Man:*** Comic-Roman von William Kotzwinkle, Kultbuch der Hippie-Bewegung.

53,4 **Zappa:** Frank Zappa (1940–1993), US-amerikanischer Musiker und Musikproduzent.

Zeppelin: Led Zeppelin, britische Rockband.

53,20 **TSC:** Berliner Sport- und Turnclub. 1963 im Ostberliner Stadtteil Prenzlauer Berg gegründet.

54,18 **Eric-Burdon-LP:** Eric Burdon (geb. 1941) war Sänger der Band *The Animals* und auch als Solokünstler erfolgreich.

54,20 **Bachman Turner Overdrive:** Bachman-Turner Overdrive: kanadische Rockband.

55,2 **Gagarin-Büste:** *Gagarin:* Juri Alexejewitsch Gagarin (1934–1968), Kosmonaut und der erste Mensch im Weltall; *Büste:* Statue, die nur Kopf (und eventuell Teile des Oberkörpers) zeigt.

56,16 **Dylan:** Bob Dylan (geb. 1941), US-amerikanischer Sänger und Songwriter.

56,17 **Bee Gees:** englischsprachige Rockband, die vor allem aufgrund ihres sehr hochtönigen Gesangs bekannt wurde.
Eunuchengequake: Ein Eunuch ist eine männliche Person, die eine Kastration erfahren hat. Wird diese Prozedur vor der Pubertät durchgeführt, so bleibt der Stimmbruch aus und die Stimme knabenhaft hoch.

61,28 **Stomatologie:** Wissenschaft von den Krankheiten der Mundhöhle. In der DDR eine alternative Bezeichnung für »Zahnmedizin«.

62,23 ***Macbeth:*** Theaterstück von William Shakespeare (1564–1616).

64,2: **Iwan:** russischer Vorname, oft abwertend für Menschen aus Russland verwendet.

65,20 **Brecht:** Bertolt Brecht (1898–1956), deutscher Dichter und Dramatiker, der nach 1945 in der DDR lebte und am Berliner Ensemble wirkte. Begründer des »epischen« bzw. »dialektischen Theaters«, welches gesellschaftliche Konflikte offenlegen soll.
Heiner Müller: (1929–1995) einer der bedeutendsten Schriftsteller der DDR, ebenfalls am Berliner Ensemble tätig.

67,20 **Soljanka:** Klassiker der DDR- bzw. osteuropäischen Küche. Sauer-scharfe Suppe mit Einlage.

71,1 **La Cumparsita:** Lied von Gerardo Matos Rodríguez, zu dem Tango getanzt wird.

73,6 **Kitifix:** eigentlich »Kittifix«. Klebstoffmarke der DDR.

73,18 **Sartre:** Jean-Paul Sartre (1905–1980), französischer Philosoph des Existenzialismus.

74,7 **Mona Lisa:** Gemälde von Leonardo da Vinci, das im Pariser Louvre hängt.

74,19 **Springer-Hochhaus:** Teil eines Gebäudekomplexes im Westberliner Stadtteil Kreuzberg, das dem Axel Springer Verlag gehört.

75,18 f. **Existenzialismus**: von Sartre ausgehende philosophische Strömung bzw. Weltanschauung, die sich gegen Konvention, Religion und Bürgerlichkeit richtet und ein freizügiges, selbstbestimmtes Leben propagiert.

76,2 **Edith Piaf:** (1915–1963) französische Sängerin, sang das Chanson *Non, je ne regrette rien.*

76,5 **Bärenblut:** bulgarischer Rotwein, der in der DDR beliebt war.

76,7 **Chateau-Lafitte-Etiketten:** Etiketten eines der bekanntesten und teuersten Weingüter Frankreichs und der Welt, Château Lafite Rothschild.

77,11 **entbübt:** umgangssprachliches, männliches Äquivalent zu »entjungfert«.

79,6 **Solispendenaktion:** eigentlich »Solidaritätsspenden«. Sammeln von Sachspenden für andere sozialistische Länder.

80,19 **Karl-Eduard von Schnitzler:** (1918–2001) regimetreuer Journalist und TV-Moderator.

81,1 f. **Mahatma Gandhi:** (1869–1948) indischer Rechtsanwalt, dessen Bewegung durch gewaltfreien Protest die Unabhängigkeit Indiens von der britischen Krone erwirkte.

81,19 **Relegation:** bildungssprachlich für Schulverweis.

82,31 **Sigmund Freud:** (1856–1939) österreichischer Neurologe, Psychologe und Kulturtheoretiker. Seine Schriften waren in der DDR verboten.

82,31–83,1 **Friedrich Nietzsche:** (1844–1900) deutscher Philosoph und Altphilologe, der innerhalb der Philosophie als umstritten gilt. In der DDR tabuisiert, aber nicht verboten.

83,1 **Leo Trotzki:** (1879–1940) eigentlich Lew Dawidowitsch Bronstein. Baute gemeinsam mit Lenin den Sozialismus in der Sowjetunion auf. Hat sich später mit Stalin überworfen, wurde verbannt und ermordet. Seine Schriften weichen von der marxistisch-leninistischen Parteilinie ab und waren in der DDR verboten.

Rudolf Steiner: (1861–1925) Begründer der Anthroposophie und Waldorfpädagogik. Seine Schriften waren in der DDR verboten.

83,7 **märkische Einöde:** gemeint ist die dünn besiedelte Mark Brandenburg. Heute grob: das Berliner Umland.

83,9 **Diogenes:** Diogenes von Sinope (um 413 – 323 v. Chr.), altgriechischer Philosoph und Anhänger des Kynismus. Einer Legende nach lebte er in völliger Armut und in einem Fass: Als Alexander der Große ihm einen Wunsch gewähren wollte, sagte Diogenes nur, er möge ihm aus der Sonne gehen.

83,15 **Stechlin:** See in Brandenburg.

83,17 **Friedrich Schillers *Wilhelm Tell*:** Drama aus dem Jahr 1804, das einen Schweizer Freiheitskämpfer als Titelhelden hat.

83,20 **Alexander dem Großen:** (356 – 323 v. Chr.) makedonischer Feldherr und König, galt als mächtigster Mann der damaligen Welt.

85,15 f. **agitieren:** oft abwertend für ›aufklären‹, ›sich einsetzen‹, ›politisieren‹.

85,24 **»Parkaue«:** Spitzname des Lichtenberger Stadtparks (Ost-Berlin).

86,18 f. ***Avanti Popolo:*** italienisches Arbeiterlied.

88,23 f. **Honeckerporträts:** Erich Honecker (1912–1994) war ab 1972 Generalsekretär der SED und damit mächtigster Mann in der DDR. Seine Porträts hingen in allen öffentlichen Gebäuden.

89,3 **Zwangsumtausch:** offiziell »verbindlicher Mindestumtausch«. Mindestbetrag, den alle, die aus dem nichtsozialistischen Ausland einreisten, in Mark der DDR umtauschen mussten.

92,13 **Hohe Tatra:** Gebirge in der Slowakei und in Polen.

94,24 **rororo-Buch:** Taschenbuchreihe aus dem Rowohlt Verlag.

94,24 f. **Simone de Beauvoir:** (1908–1986), französische Philosophin und Feministin. Langjährige Partnerin von Sartre (s. Anm. zu 73,18).

95,25 **Transitvisum:** Visum, das einem nur erlaubt, ein Land zu durchqueren.

97,2 **Neptunbrunnen:** Brunnen in der Nähe des Berliner Fernsehturms.

99,9 **Kukident:** Brausetablette zur Reinigung eines Zahnersatzgebisses.

102,8 **Trabs:** eigentlich Trap oder Siphon. Krümmung im Abflussrohr eines Waschbeckens.

104,11 **Mandoline:** Zupfinstrument.

105,17 f. ***Little Red Rooster:*** Lied von den Rolling Stones (s. Anm. zu 11,16).

107,13 **Schalmei:** ein Holzblasinstrument.

110,9 **Nichtpaktgebundenheit:** Anspielung auf die Staaten, die sich im Kalten Krieg neutral verhielten. Im Westen »Blockfreie« genannt.

110,11 **Räterepublik:** Republik in Stufenform. Kleinste Verwaltungseinheiten wählen Räte und diese wählen aus ihrer Mitte weitere Räte, welche ihre Interessen auf höherer Ebene vertreten.

110,12 **parlamentarische Demokratie:** Demokratie nach westlichem Vorbild.

111,28 **Mokassins:** weicher Schuh der nordamerikanischen Ureinwohner.

112,30 **Blauhemd:** Hemd der Freien Deutschen Jugend (s. Anm. zu 27,21).

113,17 **OvD:** Offizier vom Dienst.

118,19 **Perforieren:** fachsprachlich für (in gleichmäßigen Abständen) mit Löchern versehen, durchlöchern.

118,28 **Dreyfus:** Alfred Dreyfus (1859–1935), französischer General, der fälschlicherweise des Geheimnisverrats (an das deutsche Kaiserreich) angeklagt wurde.

122,10 **Trapos:** Transportpolizist, beispielsweise für die Sicherung von Bahnhöfen zuständig.

124,10 **Sputnik:** russisch für ›Begleiter‹, erster Satellit in der Erdumlaufbahn. Ebenso heißt die hier gemeinte russische Zeitschrift, die im Ausland vertrieben wurde. Sie wurde in der DDR nie verboten, geriet 1988 aber in Verruf und wurde von der SED-Führung kritisiert, da sie Stalin mit Hitler verglich.

131,2 **Elternaktiv:** Elternvertreter einer Schulklasse (in der DDR).

133,26 f. **Ras, dwa, tri:** russisch für »eins, zwei, drei«.

134,23 **Big Banger:** aufgemotzte Version eines Commodores

des australischen Autobauers Holden, das in der Matchbox-Spielzeugversion besonders populär ist.

136,16 **Schweizer Hof:** Hotel in der Budapester Straße in Berlins Westen.

141,19 f. **Trojanisches Pferd:** sagenhaftes aus Holz gebautes Pferd, in dem sich die Griechen versteckten, um in die Stadt Troja gelassen zu werden. Anschließend zerstörten sie die Stadt. Seitdem sinnbildlich für ein harmlos wirkendes Objekt, das Angreifer zur Tarnung verwenden.

145,24 **Phileas Fogg:** fiktiver Charakter, der im gleichnamigen Roman wettet, *In 80 Tagen um die Welt* zu reisen.

145,25 **Mohren:** veraltete Bezeichnung für Menschen mit dunkler Hautfarbe.

148,9 **Dshingis-Khan:** (um 1162 – 1227) Feldherr und ab 1206 Kaiser der Mongolen.

152,24 f. **Yequana-Indianer:** Stamm von amerikanischen Ureinwohnern im heutigen Venezuela und Brasilien. Hier wird auf das Buch *Auf der Suche nach dem verlorenen Glück* (1875) von Jean Liedloff angespielt. Die US-Amerikanerin verbrachte einige Zeit im Dschungel Venezuelas und versuchte die Beziehungskonzepte auf westliche Standards zu übertragen.

156,17 **Kak tebja sawut?:** russisch für »Wie ist dein Name?«

10. Prüfungsaufgaben mit Lösungshinweisen

Da *Am kürzeren Ende der Sonnenallee* im Deutsch- oder Geschichtsunterricht behandelt werden kann, werden hier verschiedene Aufgabentypen vorgestellt. Die Interpretation einer Textstelle (Aufgabe 1) und der innere Monolog (Aufgabe 2) entsprechen Aufgabenstellungen im Fach Deutsch und die Quellenanalyse (Aufgabe 3) dem Fach Geschichte.

Aufgabe 1: Analyse und Interpretation einer Schlüsselstelle

Arbeitsauftrag: Analysiere und interpretiere das Kapitel »Das Herz ein Stück größer« aus dem Roman: **Kapitel 9, S. 91–93.**

1. Rekonstruiere kurz, wie sich die Beziehung zwischen den beiden Figuren Micha und Miriam bis zu diesem Zeitpunkt entwickelt hat.
2. Analysiere und interpretiere das Kapitel und gehe dabei auf das Verhältnis der beiden Figuren und auf die innere Verfassung von Micha in dieser Phase seines Lebens ein.
3. Diskutiere anhand selbst gewählter Beispiele, inwiefern es sich dabei um eine ganz gewöhnliche Beziehung unter Teenagern handelt oder ob aufgrund des Lebens in der DDR eine besondere Situation vorliegt.

Lösungshinweise

1. Anforderungen an eine Analyse und Interpretation einer Textstelle:

- Die Dreiteilung der Aufgabenstellung sollte unbedingt beibehalten werden. Die drei Teile umfassen den Hauptteil des Aufsatzes. Davor steht die Einleitung mit klassischem Basissatz (Nennung von Autor, Werk, Gattung, Erscheinungsjahr und Wichtigkeit der Szene) und danach der Schlussteil, in welchem die Ergebnisse aus dem zweiten und dritten Aufgabenteil resümiert werden.
- Im ersten Teil sollten zumindest einige konkrete Textbezüge enthalten sein. Die eigentliche Textarbeit folgt jedoch im zweiten Teil. Hier muss nah am Text und mit korrekter Zitation gearbeitet werden. Im dritten Teil sind Textbezüge optional, aber wünschenswert.
- Der erste Teil führt zur Textstelle hin, der zweite behandelt die eigentliche Textstelle und der dritte geht inhaltlich und kognitiv über sie hinaus. Die Aufgaben werden immer anspruchsvoller. Man sollte für den ersten Teil etwa zwanzig und für die weiteren Teile etwa je vierzig Prozent der Arbeitszeit veranschlagen. Bei gleicher Arbeitszeit ist der zweite Teil jedoch umfangreicher als der dritte.
- Demensprechend sind auch die verwendeten Operatoren (Arbeitsanweisungen) verschiedenen Schwierigkeitsstufen zuzuordnen. Bloßes »Rekonstruieren« gehört zum ersten Anforderungsbereich. Bekannte Inhalte werden in eigenen Worten wiedergegeben. Beim

»Analysieren« (zweiter Anforderungsbereich) müssen Merkmale eines Textes kriterienorientiert dargelegt werden, dabei muss auch die sprachliche Darstellung berücksichtigt werden. »Interpretieren« ist bereits an der Grenze des dritten Anforderungsbereiches. Die Interpretation baut auf der Analyse auf und stellt Sinnzusammenhänge her. »Diskutieren« gehört eindeutig zum dritten Anforderungsbereich. Die Problemstellung muss selbständige erfasst und gegebenenfalls müssen Begriffe definiert werden. Argumente müssen gefunden und gewichtet werden, bevor ein logisch hergeleitetes Urteil gefällt wird.

2. (Inhaltliche) Besonderheiten dieser Analyse und Interpretation:

- Im ersten Teil sollten zumindest folgende Textpassagen angeführt werden: Miriam ist das schönste Mädchen der Schule (S. 16 f.), und alle sind in sie verliebt (S. 10); der Beinahe-Kuss (S. 29) und die Episode in der Tanzschule mit dem traurigen Ausgang für Micha (S. 70 f.).
- Die formale Analyse fällt hier sehr kurz aus: Wie fast das ganze Buch herrscht Alltagssprache vor und man könnte die Kürze des Kapitels erwähnen.
- Sicherlich sind die Sätze: »Dann hast du immer etwas, worauf du dich freuen kannst. Wenn du weißt, daß ich dich irgendwann küssen werde, wirst du nie traurig sein müssen« (S. 92) entscheidend für die Interpretation. Das Versprechen wird erneuert, aber nicht eingelöst. Spielt Miriam nur mit Micha oder will sie sich ein-

fach sicher sein, bevor sie ihn küsst? (Dazu würden ihre wechselnden Männergeschichten mit dem AWO-Fahrer und dem Westler am Schulball nicht passen.)

- Beim dritten Teil der Aufgabe sollte angeführt werden, dass die meisten männlichen Teenager einige von Michas Verhaltensweisen an den Tag legen: Imponiergehabe (S. 91) ist ebenso gewöhnlich wie die Angst, Dinge (Liebesbrief, S. 92) offen anzusprechen. Auch ist es für viele Heranwachsende normal, die geliebte Person lieber aus der Ferne zu romantisieren und nicht tatsächlich Zeit mit ihr zu verbringen (S. 19).
- Doch einige Dinge sind der besonderen Situation nah an der Mauer geschuldet: Der Liebesbrief ginge sonst nicht verloren (S. 9, 71 f.), es gäbe keine Konkurrenz aus dem Westen (S. 25) und Micha und Miriam hätten nicht dieselben Reiseziele (S. 92). Die Liste kann fortgeführt werden.
- Gerne kannst du auch persönliche Argumente anführen, schließlich bist du im Teenageralter und demnach Experte für Liebe zwischen Teenagern! Vergiss nicht, am Ende ein klares Urteil zu fällen.

Aufgabe 2: Innerer Monolog von Doris Kuppisch

Arbeitsauftrag: (K)eine Chance? Frau Kuppisch gibt den Plan, in den Westen zu gehen, im letzten Moment auf. Während sie nach Hause zurückkehrt, geht ihr vieles durch den Kopf: Warum sie sich so entschied, wie sie früher lebte, was die Zukunft bringen wird und was eine mögliche Zukunft im Westen gebracht hätte … Verfasse diesen inneren Monolog. Textbezug: **Kapitel 10, S. 98–100.**

Lösungshinweise

1. Anforderungen an einen inneren Monolog:

- Ein innerer Monolog ist eine Sonderform des Monologs. Die Wörter werden auch in der literarischen Realität nicht wirklich ausgesprochen. Der Leser erhält die direkte Innenperspektive auf eine Figur.
- In einem inneren Monolog gibt eine Figur ihre geheimsten Gefühle und Regungen ungefiltert preis, so dass der Leser ihre psychische Verfassung nachvollziehen kann.
- Er wird im Präsens und der ersten Person Singular verfasst.
- Stilistisch und sprachlich soll der innere Monolog zur übrigen Figurenrede passen. Vor allem auf eine angemessene Wortwahl ist zu achten.
- Der innere Monolog muss sich in den Handlungszusammenhang einfügen. Logischen Fehlern, falschen

Bezügen oder nicht plausiblen Gedankengängen kann nur durch gute Textkenntnis vorgebeugt werden.

- Es handelt sich hierbei nicht um kreatives Schreiben, sondern um gestaltendes Interpretieren. Originelle Gedanken sind zwar erlaubt, aber nicht gefordert. Im Mittelpunkt steht die Interpretation des zugrunde liegenden Texts.
- Anders als die meisten Aufsatzformen erfordert das gestaltende Interpretieren keine Einleitung und keinen Schlussteil.

2. (Inhaltliche) Besonderheiten eines inneren Monologs und Interpretation:

- Es ist bei einem inneren Monolog stets schwierig, einen Schreibanlass zu finden. Hier bietet es sich an, direkt mit den Gedanken der Figur anzufangen.
- Wem das schwerfällt, der kann die Aufgabe mithilfe eines Tricks bearbeiten: Frau Kuppisch könnte sich selbst beispielsweise in einem Schaufenster spiegeln und ein Selbstgespräch führen. Anstelle eines Monologs würde man so einen Dialog verfassen, dies fällt vielen Schülerinnen und Schülern leichter.
- In beiden Fällen muss das Wesen von Frau Kuppisch getroffen werden. Sie ist stets bedacht, vorsichtig und behauptet von sich, sie »halte [...] den ganzen Laden zusammen« (S. 32).
- Man kann selbst entscheiden, ob Frau Kuppisch nur für kurze Zeit oder für immer in den Westen will, denn aufgrund der Textgrundlage lässt sich dies nicht eindeutig entscheiden.

- Wenn sie nur kurz gehen will, so könnte man eine nun nicht stattfindende Shoppingtour oder einen Besuch bei Onkel Heinz anführen.
- Wenn sie für immer gehen will, dann würde sie möglicherweise bei Heinz wohnen oder von Westberlin weiter in die BRD gehen.
- In beiden Fällen hält sie die Familie zurück, denn ein unerlaubter Grenzübertritt ist strafbar, und sie würde auch so riskieren, ihre Familie nicht wiederzusehen. Dass ihr die Familie wichtig ist, zeigt zum Beispiel ihr Engagement für Micha (S. 130 f.) oder dass sie zur Beerdigung ihres Bruders die »Familie als Pfand« (S. 151) zurücklässt.
- Auch kann angeführt werden, dass die Familie zwar nicht viel besitzt, aber dennoch glücklich ist.

Aufgabe 3: Quellenanalyse

Arbeitsauftrag: Verfasse eine äußere und innere Quellenanalyse vor dem Hintergrund deiner Leseerfahrung von Michael Brussigs *Am kürzeren Ende der Sonnenallee.*

Ort und Zeit	DDR, 1980er Jahre
Quellenart	Karikatur
Fundort	www.hdg.de/lemo/bestand/objekt/karikatur-ddr-flagge-westfernsehen. html
Verfasser	Paul Pribbernow

Abb. 10: DDR-Flagge und Westfernsehen. Zeichnung des DDR-Karikaturisten Paul Pribbernow (geb. 1947) – Mit freundlicher Genehmigung von Paul Pribbernow.

Lösungshinweise

1. Anforderung an eine Quellenanalyse

- Je nachdem in welchem Bundesland deine Schule ist, nennt sich diese Aufgabenstellung möglicherweise auch Quellenkritik. Die Anforderungen weichen jedoch kaum ab.

- Wenn ein Historiker eine äußere Quellenanalyse oder -kritik durchführt, so beschäftigt er sich vor allem mit der Echtheitsfrage. In der Schule stellt sich diese Frage kaum, denn es kann davon ausgegangen werden, dass die Lehrperson den Schülerinnen und Schülern nur Quellen zur Verfügung stellt, deren Echtheit als gesichert gilt.
- Demnach genügt es hier, die Quellenart, den Fundort, den Verfasser und Entstehungszeit und Ort zu nennen. Dies bildet zugleich die Einleitung deines Aufsatzes.
- Bei der inneren Quellenkritik geht es darum, die Quelle in einen historischen Kontext einzubetten und in den Bezug zu anderen Quellen zu setzen.
- Zuvor wird die Quelle kurz zusammengefasst und (wenn möglich) sprachlich analysiert.
- Am Ende soll die Quelle beurteilt werden. Dabei geht es um ihre gesellschaftliche oder geschichtliche Relevanz. Achte dabei stets auf die Unterscheidung von Sachurteil (Bewertung innerhalb des historischen Kontexts) und Werturteil (aus heutiger Zeit).

2. (Inhaltliche) Anforderungen an diese Quellenanalyse

- Äußere Quellenanalyse: Alle erforderlichen Daten können der obigen Tabelle entnommen werden. Achtung: Es muss nicht sein, dass deine Lehrperson dir alle Informationen so geordnet zur Verfügung stellt.
- Bei der inneren Quellenanalyse entfallen die Analyse der Sprache und die Zusammenfassung. Dafür braucht es eine Bildbeschreibung. Diese sollte sachlich sein und sich auf wesentliche Bildelemente beschränken.

- Im Anschluss daran muss die (Haupt-)Aussage der Karikatur herausgearbeitet werden: Der DDR-Bürger gibt sich nach außen staatstreu (er hängt die DDR-Flagge aus dem Fenster), im Inneren ist er aber bereits emigriert (er schaut Westfernsehen).
- Nun soll die Quelle in den historischen Kontext eingebettet werden. Kurz kann beschrieben werden, wie es nach dem Mauerbau fast unmöglich wurde, das Land zu verlassen, dass die Unzufriedenheit trotzdem nicht weniger wurde.
- Als Bezugsquelle soll laut Aufgabenstellung *Am kürzeren Ende der Sonnenallee* verwendet werden. Nun gilt es, Figuren oder Szenen zu finden, welche die eben gefundene Aussage der Quelle bestätigen oder widerlegen. Es bietet sich an, nur nach Belegen zu suchen.
- Frau Kuppisch, die ihren Sohn »Mischa« (S. 9, 63) nennt, ihrem »Stasi-Nachbar[]« das ND präsentiert (S. 66) und extra Quartiergäste aufnimmt (S. 67), aber zugleich an Republikflucht denkt (S. 98 f.), bietet sich am besten an.
- Aber auch der rebellische Mario, der sich für seine Führerscheinprüfung (S. 68) oder den Urlaub (S. 95) die Haare schneidet, oder die Existentialistin Elisabeth (S. 82 f., 94) bieten sich an.
- Ebenso können der Drang der Clique, Musik aus dem Westen zu hören (S. 11 f., 51–58), die Matchboxautos von Miriams kleinem Bruder (S. 20) oder Michas Anzug aus dem Westen (S. 69) angeführt werden.
- Es gibt auch konkrete Bezüge zum Westfernsehen, so kommen die Quartiergäste Olaf und Udo aus dem *»Tal*

der Ahnungslosen« (S. 84), denn sie empfangen in Sachsen kein Westfernsehen.

- Zu beachten ist stets, dass hier keine Interpretation des literarischen Texts stattfinden soll. *Am kürzeren Ende der Sonnenallee* wird hier als historische Quelle betrachtet, die (im Gegensatz zur Karikatur) mit einigem Abstand zum Zeitgeschehen verfasst wurde.
- Darauf muss man auch beim Fällen von Sach- und Werturteil achten: Pribbernow zeichnet noch zu DDR-Zeiten, aber Brussigs Roman erscheint erst zehn Jahre nach dem Mauerfall.

11. Literaturhinweise und Medienempfehlungen

Weitere Romane von Thomas Brussig mit ähnlicher Thematik

Wasserfarben. Berlin/Weimar: Aufbau-Verlag, 1991. – *Brussigs Debütroman erzählt die Geschichte eines Abiturienten in Ostberlin. Der Protagonist Anton wohnt ebenfalls in der Sonnenallee.*

Helden wie wir. Berlin: Verlag Volk und Welt, 1995. – *Der Ich-Erzähler Klaus Uhltzscht berichtet, wie er persönlich für den Fall der Berliner Mauer verantwortlich ist.*

Das gibt's in keinem Russenfilm. Frankfurt a. M.: S. Fischer Verlag, 2015. – *Hier lässt Brussig die* DDR *bis in die 2010er Jahre weiterleben und kreiert so allerlei komische Szenen.*

Beste Absichten. Frankfurt a. M.: S. Fischer Verlag, 2017. – *Eine unerfolgreiche Garagenband sehnt sich nach dem Durchbruch, als der Mauerfall dazwischenkommt.*

Literatur zu *Am kürzeren Ende der Sonnenallee*

Igel, Oliver: Gab es die DDR wirklich? Die Darstellung des SED-Staates in komischer Prosa zur »Wende«. Tönning [u. a.]: Der andere Verlag, 2005. – *Thematisiert neben* Am kürzeren Ende der Sonnenallee *noch weitere Romane Brussigs.*

Sonnenallee. Das Buch zum Farbfilm. Hrsg. von Leander Haußmann. Berlin: Quadriga, 1999. – *Interviews, Es-*

says und das Drehbuch zum Film Sonnenallee. *Auch mit Informationen über den Roman.*

Medienempfehlungen und Museen

www. thomasbrussig. de – *Internetauftritt des Autors mit Informationen zu Büchern, Musicals und Filmen, an denen er mitgewirkt hat.*

Alltag in der DDR (Dauerausstellung in der Kulturbrauerei Berlin) – *Die Ausstellung gibt Einblick in den beruflichen und privaten Alltag der Bürgerinnen und Bürger der DDR. Auch der Jugend und Jugendkultur sind einige Bereiche gewidmet. Weitere Informationen unter:* www. hdg. de/museum-in-der-kulturbrauerei

DDR Museum Berlin – *Das Museum gibt einen authentischen Einblick in das Leben in der DDR. Themenschwerpunkte sind unter anderem Mauer, Stasi und Alltagsleben. Weitere Informationen unter:* www.ddr-museum. de

Die Welt der DDR, Dresden – *Die Dauerausstellung thematisiert das Leben in der DDR von Kindergarten, Schule und Arbeitswelt bis hin zu den Bereichen Wohnen, Einkaufen, Urlaub, Sport und Freizeit. Weitere Informationen unter:* www.weltderddr.de/

12. Zentrale Begriffe und Definitionen

Androzentrismus: Anschauung, die den Mann oder das Männliche ins Zentrum stellt.

➤ S. 38, 88

Berliner Mauer: Mauer, die von der DDR-Führung um Westberlin herumgebaut wurde, um Abwanderung in die BRD zu verhindern.

➤ S. 66, 69, 71, 87, 105

Binnenhandlung: Handlung, die innerhalb einer ➤ Rahmenhandlung erzählt wird und den Hauptteil einer Geschichte ausmacht.

➤ S. 17

Direkte Charakterisierung: Der Erzähler beschreibt Figuren und ordnet ihnen Charaktereigenschaften zu. Siehe auch ➤ indirekte Charakterisierung.

➤ S. 99

Doppelte Historizität: Wenn ein literarisches Werk nicht in der Gegenwart des Autors, sondern in der Vergangenheit spielt und die Gegenwart des Autors vom Standpunkt der Leserin oder des Lesers aus schon lange zurückliegt, so spricht man von doppelter Historizität. Dem Lesenden fällt es schwer, zu erkennen, welche Handlungselemente oder Ideen für den Autor historisch und welche aktuell sind.

➤ S. 59

Erzählform: Berichtet der Erzähler in der ersten Person (Singular oder Plural) oder in der dritten Person (Singular oder Plural)? Achtung: Mit der Erzählform des Ich-Erzählers muss nicht unbedingt *personales* ➤ Erzählverhalten einhergehen. Dies ist zwar meistens so, es ist aber auch möglich, dass ein Ich-Erzähler *neutral* oder *auktorial* berichtet.

➤ S. 59

Erzählstrang: auch Handlungsstrang genannt, Fachbegriff der Literaturwissenschaft: Gesamtheit aller Textpassagen, die ein bestimmtes Geschehen oder Thema im Text entwickeln. Ein Erzählstrang kann immer wieder von anderen Handlungselementen unterbrochen werden.

➤ S. 17, 77 f.

Episodenroman: Als Episodenroman wird ein Roman bezeichnet, der zahlreiche Nebenhandlungen enthält, die man aus ihm herauslösen kann, ohne dass die Haupthandlung davon beeinträchtigt würde. Die einzelnen Episoden werden wie Perlen an einer Kette aufgereiht.

➤ S. 90

Erzählverhalten: Drei Untertypen sind möglich: Beim *neutralen* Erzählverhalten wird wertfrei und nicht aus einer bestimmten Perspektive berichtet. Beim *personalen* Erzählverhalten wird dem Leser das Geschehen durch eine Figur der Handlung geschildert. Beim *auktorialen* Erzählverhalten steht der Autor über Zeit und Raum. Er kann Vor- und Rückgriffe machen oder das Geschehen kommentieren. In den meisten Fällen liegt eine Mischung aus diesen drei Idealtypen vor.

➤ S. 60 f.

Existenzialismus: Denkart der Philosophie, nach der man nicht definieren kann, was den Menschen im Allgemeinen ausmacht. Solche Definitionsversuche können nur für einzelne Menschen gelingen. Das bedeutet konkret, dass jedes Individuum für sich selbst bestimmen kann, worin sein Wesen (oder seine Essenz) besteht. Einer der Hauptvertreter der existenzialistischen Philosophie, Jean-Paul Sartre, formuliert es so: »Der Mensch ist zur Freiheit verurteilt«.

➤ S. 17, 39 f., 54, 70

Indirekte Charakterisierung: Die Charaktereigenschaften der Figuren müssen aus ihren Handlungen abgeleitet werden. Siehe auch ➤ direkte Charakterisierung.

➤ S. 27, 43, 52

Innere Emigration: So wird die Haltung von Menschen bezeichnet, die in einem Unrechtsstaat leben und gegen diesen aufbegehren, jedoch nicht auswandern. Ursprünglich wird der Begriff auf Künstlerinnen und Künstler während der Herrschaft der Nationalsozialisten angewendet und anschließend auch auf Kunstschaffende in der DDR übertragen.

➤ S. 38, 125 f.

Jugendroman: Gegenstand eines Jugendromans sind meist Jugendliche. Adressaten eines Jugendromans sind stets Jugendliche. Aufgrund dieser Übereinstimmung fällt eine Identifikation von Adressaten mit dem Gegenstand besonders leicht.

➤ S. 7, 86

Kollektives Gedächtnis: gemeinsame Gedächtnisleistung einer Gruppe von Menschen, die in kommunikativ und kulturell unterteilt wird. Zum kulturellen Teil des kollektiven Gedächtnisses einer Gesellschaft gehören zum Beispiel bildende Künste, Musik, Literatur und Mode.

➤ S. 72

Mauerfall: Gemeint sind die Ereignisse in der Nacht des 9. November 1989. Aufgrund eines Missverständnisses werden einige der Berliner Grenzübergänge geöffnet, und Menschen aus Ostberlin ist es möglich, nach Westberlin zu gelangen.

➤ S. 29, 66

Narrativ: Fachbegriff der Geschichtswissenschaft. Ein Narrativ ist ein nachträglich erstellter Sinnzusammenhang, der konstituierend für individuelle oder gesellschaftliche Erklärungsversuche von historischen Zusammenhängen ist (vgl. ➤ Narrativität).

➤ S. 99

Narrativität: Prinzip der Geschichtswissenschaft und -didaktik, das darauf verweist, dass historische Fakten nicht für sich stehen, sondern stets von Rezipienten ver- und bearbeitet werden, indem sie in einen Sinnzusammenhang gestellt werden.

➤ S. 99

Ostalgie: Kofferwort aus »Osten« und »Nostalgie«, bei dem auch unterschwellig die Kritik mitschwingt, dass der Unrechtsstaat DDR in der Retrospektive romantisch verklärt wird.

➤ S. 8, 69, 100

»Potential«: Die gängigere Schreibweise lautet »Potenzial«. In der Psychologie bedeutet der Begriff: Die Fähigkeit eines Menschen, etwas zu leisten. Micha überträgt diese Bedeutung ganz zu Anfang der Handlung auf seine Clique. Der Roman kann als die Entfaltung dieser Leistungsfähigkeit gelesen werden.

➤ S. 62, 91

Rahmenhandlung: Handlung, die neben der eigentlich wichtigen Handlung besteht und diese gänzlich umschließt. Siehe auch ➤ Binnenhandlung.

➤ S. 17

Retrospektive: Rückblick auf bereits geschehene Ereignisse. Mit entsprechendem Abstand bewertet man Ereignisse oft anders als in der Situation selbst.

➤ S. 100

Sachurteil: Sachurteile werden von Politologen oder Historikern gefällt. Eine Quelle wird vor dem Hintergrund ihrer Entstehungszeit und -situation bewertet. Darauf aufbauend kann ein Werturteil gebildet werden.

➤ S. 133

Satire: eine Kunstform, die Kritik an bestehenden Verhältnissen auf lustige Art und Weise äußert. Typische Stilmittel sind die Übertreibung und die Ironie.

➤ S. 79

Stasi: eigentlich Ministerium für Staatssicherheit (MfS). Familie Kuppisch vermutet, dass ihr geheimnisvoller Nachbar für die Stasi arbeitet, bis sie seinen wahren Beruf – Bestatter – erfährt. Neben hauptberuflichen Mitarbeitern unterhielt das MfS auch ein System aus Spitzeln. Prinzipiell konnte jeder zu einem dieser ›inoffiziellen Mitarbeiter‹ gemacht werden, wenn er sich durch Fehlverhalten erpressbar gemacht hat.

➤ S. 16, 47, 50, 59

Topos: Unter einem (literarischen) Topos versteht man eine feststehende Formel oder ein vorgefertigtes (sprachliches) Bild. Auch literarische Figuren können einem Topos entsprechen. Das bekannteste Beispiel ist die böse Schwiegermutter. In *Am kürzeren Ende der Sonnenallee* liegt der Topos des Alltagshelden und des kleinlichen Staatsdieners vor.

➤ S. 27, 44

Wende: Die friedliche Revolution in der DDR, die schließlich zum Fall der Berliner Mauer und zur Wiedervereinigung Deutschlands führt, wird auch als »Wende« oder »Wendezeit« bezeichnet.

➤ S. 100, 105

Werturteil: wird von Politologen und Historikern aufbauend auf einem ➤ Sachurteil gefällt. Der Beitrag einer Quelle zum Geschichtsbewusstsein wird bewertet.

➤ S. 133, 135

Wiedervereinigung: Als deutsche Wiedervereinigung wird der Beitritt der Deutschen Demokratischen Republik zur Bundesrepublik Deutschland am 3. Oktober 1990 bezeichnet. Das Datum ist seither Nationalfeiertag (Tag der Deutschen Einheit).

➤ S. 100

Zäsur: Ein wichtiges historisches Ereignis, das die Grenze zwischen zwei Epochen darstellt, wird als (historische) Zäsur bezeichnet. Mauerbau (1961) und -fall (1989) sind Zäsuren in der deutschen Geschichte.

➤ S. 101

Zeitgeist: Das deutsche Wort gibt es auch in anderen Sprachen, beispielsweise dem Englischen, als formgleiches Lehnwort. Es beschreibt die Denkart oder Mentalität einer Epoche. Der Zeitgeist ist für die Geschichtswissenschaft schwer zu fassen. Entweder müssen prototypische Einzelaussagen verallgemeinert werden oder man verlässt sich auf Verallgemeinerungen von Zeitgenossen oder anderen Historikern, wobei die Gefahr besteht, sich auf bloße Klischees zu stützen.

➤ S. 94, 101